RHEINHÖHE, DIENSTAGMORGEN, 13. JUNI 1876
Jakob Höflinger

Wir danken

Peter Hauck für die hervorragenden Reproduktionen

Den Herren
Dr. Cyrill Häring
Kenneth Korfmann
Dr. Markus Kutter
Hans-Peter Platz
Dr. Hans-Rudolf Schwabe

Der Christoph Merian Stiftung
für die finanzielle Unterstützung

Photographien Copyright 1987 by Heinz Höflinger
Einführung Copyright 1987 by Bruno Thüring
BASEL Copyright 1987 by Edition Schmid
Buchkonzept, Gestaltung und Herausgeber
Hanns Schmid
Photolithos und Druck
Kirschgarten-Druckerei, Basel
Alle Rechte der Vervielfältigung, der Photokopie und des auszugsweisen
Nachdrucks vorbehalten

PRINTED IN SWITZERLAND
ISBN 3-908028-01-9

ARCHIV HÖFLINGER

Rheinuferweg mit Wettsteinbrücke, 1879

EDITION SCHMID

BASEL

FAMILIE HÖFLINGER BEIM JASSEN, 1887
links: Jakob Höflinger, rechts: August Höflinger

«Gut, sagte ich, ich will mir Basel ansehen»
Jakob Höflinger und der Beginn der Berufsphotographie in Basel
Von Bruno Thüring

«Nach einigen Tagen ging ich nach Freiburg, in der Absicht, mich dorten niederzulassen. Ging zu Herrn Photograph Hase und sagte ihm meine Absicht, er erschrak und meinte, ich solle solches doch nicht thun, er rathe mir, mich in Basel anzusiedeln, die Stadt sei grösser und reicher»[1]. Im Dezember 1857 war es soweit. Jakob Höflinger eröffnete sein «Artistisch-photographisches Atelier». Über ein Inserat[2] in den «Basler Nachrichten» empfahl er sich für «Photographische Portraits», die er, der «Maler und Photograph» mit «vieljähriger Übung im Portraitfach», billig herzustellen versprach.

Zu diesem Zeitpunkt war Jakob Höflinger 38 Jahre alt und ein weitgereister Mann. Er wurde am 21. Juli 1819 in der Nähe von Neustadt im Schwarzwald als erstes von vier Kindern eines Uhrmachers geboren. Nach einer glücklichen Jugend erlernte er in Neustadt die Schildermalerei. Nebenher besuchte er die Zeichenschule. 1842 folgte Jakob Höflinger dem Ruf seines Vetters Augustin Fehrenbach, der im böhmischen Rumburg ein Uhrengeschäft betrieb. Dort, nahe der sächsischen Grenze, verbrachte er die folgenden zehn Jahre seines Lebens. 1851 heiratete er Amalia Hirt aus Neustadt. Im folgenden Jahr wurde der Sohn Hermann Rudolf Jakob geboren. 1853 war ein Berufswechsel angesagt; das Uhrengeschäft lief schlecht:

«Die Photographie lag dazumal so zu sagen noch in den Windeln, allein ich versprach mir davon eine Zukunft. Reiste nach Dresden und sah dort die ersten guten Photographien. Sogleich entschloss ich mich die Photographie zu erlernen und trat bei dem Photograph Dipenbach in der Maximilian-Allee den Unterricht gegen ein Honorar von 90 Rth. an. Dass ich etwas Zeichnen und Malen konnte half mir viel. Die Negative wurden noch auf Papier gemacht und das ganze Verfahren war noch sehr unsicher und mangelhaft. Zur gleichen Zeit erwarb ich die schriftliche Anleitung, die Negative auf Glas mittelst Colodion zu machen, aber nur brieflich gegen ein Honorar von 30 fl. von Jos. Albert, damals in Augsburg. Ich machte meine ersten Bilder gegen Bezahlung in Rumburg.»

Die von Jakob Höflinger einleitend verwendete Metapher ist weniger auf den allgemeinen Entwicklungsstand der Photographie zu beziehen als auf den zu jener Zeit sich vollziehenden grundlegenden Wandel. In den Windeln lag die professionelle Photographie – oder vielmehr war sie im Begriff, diese abzustreifen. Sie war in den vierziger Jahren wesentlich durch die Erscheinung des Wanderphotographen geprägt. Nur in den grösseren Städten hatten sich Ateliers etabliert.

Zu ändern begann sich diese Situation mit der Einführung des Nasskollodiumverfahrens 1851 durch Frederick Scott Archer, das die Daguerreotypie und die Kalotypie verdrängte und bis in die achtziger Jahre vorherrschend blieb. Um das Zwanzigfache empfindlicher, vereinigte das neue Verfahren die Qualitäten der beiden älteren: die Detailgenauigkeit der Daguerreotypie und die eine unbegrenzte Vervielfältigung ermöglichende Negativ-Positiv-Technik der Kalotypie. Diese, das zukunftsträchtigere der beiden älteren Verfahren, konnte sich im deutschsprachigen Raum gegen die Daguerreotypie im Porträtsbereich nie so recht durchsetzen, da das Papiernegativ keine vergleichbare Abbildungsleistung erbrachte. Erst mit dem Wechsel zur Glasplatte als Schichtträger wurde dieser Mangel behoben. Entwicklungsgeschichtlich begann mit der Einführung des Nasskollodiumverfahrens die erste Phase der Photographie als Massenmedium. Die Porträtherstellung erreichte industrielle Dimensionen. Für die Photographen begann die Epoche des grössten Wohlstands. Immer mehr ergriffen den Beruf und errichteten ihre Ateliers auch in den kleineren Städten. Sie verdrängten nicht nur die Miniaturmaler, sondern beschnitten auch die Existenzgrundlage der Wanderphotographen.

Joseph Albert, von dem Jakob Höflinger ein Rezept für das neue Verfahren erstand, ist ein Musterbeispiel für den neuen Typus des Photographen. Er war naturwissenschaftlich gebildet und technisch begabt, und die Photographie war für ihn weniger eine Kunst als ein zielstrebig angegangenes Geschäft. Erfindungsgabe und Geschäftssinn liessen ihn zu einer der führenden Gestalten unserer Zunft in Deutschland werden. So war er der erste, der sich hier mit der Herstellung von Kollodium befasste und seine Kenntnisse für klingende Münze weitergab. Jakob Höflinger sollte ihn im Januar 1854 für die Dauer von vier Tagen besuchen: *«machten Versuche miteinander»*, charakterisiert er den Zweck seines Besuchs beim späteren Hofphotographen der Bayrischen Könige. Höflinger, der nie den beruflichen Status seines Kollegen erlangen sollte, war dabei sicher der Lernende. Praktiziert hat er die Kollodiumphotographie erst nach seiner Niederlassung in Basel. Während der vorausgehenden dreieinhalb Jahre seiner Wanderschaft bediente er sich der Kalotypie. Nach der ersten Bewährungsprobe im neuen Beruf unternahm Jakob Höflinger zwei längere Reisen. Dieser genau in der Lebensmitte liegenden Zeit widmete er drei Viertel seines 1888 verfassten Lebensrückblicks. Anekdotenreich, jedoch sparsam umgehend mit Zeitangaben, schildert er die Freuden und Mühsale seiner Tätigkeit als Wanderphotograph. Die erste Reise führte ihn, seine Frau und den einjährigen Sohn im Frühjahr 1853 zunächst nach Wien. Der Aufbruch im Familienverband lässt vermuten, dass der Photograph einen geeigneten Ort zur Niederlassung suchte. Die Auftragslage in der Donaustadt war jedoch schlecht, zu viele Berufsgenossen hatten sich hier schon etabliert. Dem Rat eines Freundes folgend, wandte sich Jakob Höflinger nordwärts, nach Olmütz. Schon am ersten Tag seines Aufenthaltes in der mährischen Garnisonstadt erhielt er reichlich zu tun: *«Ich miethete sogleich ein Logis und Garten als Aufnahmelocal. Reiste abends zurück nach Wien, ordnete alles und reiste mit Frau und Kind nach Olmütz. Fing gleich an Aufnahmen zu machen und wurde mit Aufträgen bestürmt. Da die meisten Bilder in Farben besonders wegen den Uniformen ausgeführt wurden, so hatte ich einen Maler als Retoucheur Namens Höhn bei mir, er bekam für ein Bild zu malen 3 fl., ich gab solches für 10 fl., schwarze Bilder liess ich in Wien gelatiniren. Retouchiert wurde beinahe nichts und so schickte ich Abends die Bilder, die ich copiert mit der Post nach Wien, den 2ten Tag erhielt ich solche zurück, zum abgeben. Es war im Sommer, früh um 6 Uhr fing ich an zu arbeiten, putzte Gläser, präparierte Papier, copierte und machte Aufnahmen, alles allein bis spät in die Nacht. Es war damals der Russisch-französische Krieg in der Krim. In Olmütz wurden die Regimenter, welche an die Grenze marschirten, geordnet, und so kam alle Monat ein neues Regiment an, ein anderes marschierte ab, jeder Offizier liess sich photographie-*

ren, ebenso die Olmützer Damen, um gegenseitig die Portraits auszutauschen. In der Zeit von vier Monaten hatte ich rein 1600 fl. verdient. Da ich kein geschlossenes Atelier hatte, so konnte ich im Winter nicht viel machen. Ich entschloss mich daher mit Frau und Kind einen Besuch bei den Schwiegereltern in Neustadt zu machen.» Die Rückreise führte über Prag, Dresden, Leipzig und Nürnberg nach Augsburg, wo Jakob Höflinger vier Tage bei Joseph Albert hospitierte.

Mitte Februar 1854 erreichte man Neustadt: *«Nachts 10 Uhr, bei grimmiger Kälte und tiefem Schnee, halb erfroren»*.

Seine zweite Reise unternahm der Photograph im Frühling 1855, zusammen mit Alexander Dilger, der für die Retusche und die malerische Überarbeitung der Porträts zuständig war. Nach einem erneuten, diesmal nur eintägigen Aufenthalt bei Joseph Albert in Augsburg reisen sie über München und Wien nach Olmütz, wo sie bis gegen Jahresende tätig waren. Während dieser Zeit erhielt Jakob Höflinger die Nachricht von der Geburt seines zweiten Sohnes Karl Albert. Die Weiterreise führte sie über Krakau, Kremitza und Lodz nach Warschau, wo sie im «Hotel Pologne» ihr Atelier einrichteten. Ihres Daseins in der Fremde überdrüssig, traten sie im Frühling 1856 die Heimreise an.

Als Zeugnis dieser Wanderjahre sind zwei Vorzeigealben[3] mit Arbeitsproben erhalten geblieben. Sie enthalten etwa 200 Porträts von Bürgern (Abb. 1) und Soldaten. Aufgenommen im kargen, selten mit Requisiten verstellten Atelier des Wanderphotographen, bestechen sie durch die unmittelbare Präsenz der Dargestellten und die der Photographie eigene Aura: wir blicken in längst erloschene Gesichter, die, durch die photographischen Aufnahme der Geschichte entrissen, ein zweites Leben erhalten.

Nach einem einjährigen Aufenthalt in Neustadt etablierte sich Jakob Höflinger in Basel. Im Haus «Zum Antonierhof» an der Rheingasse 61 mietete er eine Wohnung mit Veranda. Ende November sind Wohnung und Atelier – ein «Glashaus» – bezugsbereit, Jakob Höflinger setzt das Inserat auf.

Wie stand es damals um die Photographie in Basel? Eine Bestandesaufnahme ermöglicht vor allem die Durchsicht der Zeitungsinserate[4]. Zum Zeitpunkt von Jakob Höflingers Niederlassung waren schon einzelne Photographen etabliert. Auch mehrten sich die Anzeichen einer zunehmenden Nachfrage nach dem photographischen Bild. Eine starke Zunahme dieses Angebots lässt sich ab 1859 beobachten. Das von immer mehr Geschäften – Buch-, Kunst- und Kurzwarenhandlungen, Optikern – bestrittene Inseratenvolumen erreichte 1862 einen Höhepunkt. Danach konsolidierte sich die Lage. Bei den Photoateliers war Ende 1859 eine erste Spitze erreicht: neun Betriebe bewarben sich um die Gunst des Publikums. Einen eigentlichen Boom verzeichnete dieser Bereich in den Jahren 1862 und 1863 mit vier und fünf Neueröffnungen. Nur bei einem kleineren Teil dieser Ateliers lässt sich jedoch der Tätigkeitsnachweis über eine längere Zeitspanne erbringen. Bei manchen, die auf schnelles Geld in dieser Wachstumsbranche gehofft hatten, dürften die fachlichen und finanziellen Mittel im wachsenden Konkurrenzkampf nicht ausgereicht haben. Blenden wir nun zurück, und betrachten wir einige Aspekte dieser Entwicklung.

Die sporadisch Basel besuchenden Wanderphotographen erhielten 1854 ihre ersten ortsansässigen Konkurrenten. Der Optiker Emil Wick eröffnete sein Atelier am St. Johann-Schwibbogen 99 und empfahl sich dem Publikum für «Photographische Portraits auf Papier und Daguérréotyps schwarz und coloriert»[5]. Kalotypie- und Daguerreotypieporträts verfertigte auch der Kunstmaler Albert Wagner, zusätzlich auch in stereoskopischer Ausführung. Von ihm, der die Photographie neben seinem angestammten Beruf betrieb, wie auch von zwei Geschäftspartnern namens Wimmer und Suppan, die im gleichen Jahr für ihr Porträtatelier warben, fehlen jedoch Zeugnisse, die eine weitere Tätigkeit belegen. Mehr wissen wir von Emil Wick (1816–1894), der in seinen Lebenserinnerungen[6] über seine Tätigkeit mit wenigen Sätzen Auskunft gibt: *«Als die Daguerreotypie aufkam, verlegte ich mich darauf und hatte solchen Erfolg, dass ich mich ganz darauf zu verlegen beschloss und 1854 mein optisches Lager verkaufte (...). Das Verfahren der Lichtbilder auf Metallplatten war sehr expeditiv und die Zahl der von mir gelieferten Bilder muss 35 000 bis 40 000 betragen. Mühsam war die Arbeit nicht, aber sehr aufregend, auch Verdruss fehlte nicht, so dass ich froh war, als ich finanziell so weit war, um als kleiner Rentier leben zu können. Ich war 45 Jahre alt, als ich am 14. Juni 1861 das Geschäft schloss.»* Angesichts der grossen Menge der von Wick verfertigten Daguerreotypien – sie wirkt übertrieben hoch –, muss der Beginn seiner nebenberuflichen photographischen Tätigkeit weit in die vierziger Jahre zurückverlegt werden. Eines der erhaltenen Beispiele, ein Gruppenporträt der vier Brüder Böcklin[7], dürfte um 1850 entstanden sein, datiert man es nach dem geschätzten Alter der Dargestellten. Wick nutzte seine finanzielle Unabhängigkeit vornehmlich für Reisen, die ihn bis nach Nordafrika führten. Um zwei Jahre überlebte er Jakob Höflinger, der gerade die Anfangsschwierigkeiten überwunden hatte, als Wick in Pension ging.

1855 eröffnete der Frankfurter Kunstmaler Friedrich Hartmann sein Atelier. Vornehmlich als Porträtist tätig, bot er seine Dienste auch zur Reproduktion von Kunstwerken an. 1857 erweiterte sich die Zunft der Basler Berufsphotographen um Friedrich Schröter aus Rudolstadt und Jakob Höflinger. Ersterer empfahl sich auch für Pannotypien – Photographien auf Wachstuch. Wiederum zwei neue Namen tauchten im folgenden Jahr auf: Der Maler Johann Bucher – ein Schweizer inmitten all der Ausländer, der dies auch in seinem Inserat hervorhob – und Charles de Bouéll, der erstmals ein breiteres Angebot an photographischen Dienstleistungen machte. De Bouéll[8] empfahl sich für Porträts, Landschaften –

Abb. 1 Jakob Höflinger: Familienporträt, 1853–1856, Kalotypie, ca. 18 × 13,5 cm, J. Paul Getty Museum, Malibu

Abb. 2 Jakob Höflinger: Selbstporträt, datiert 1866, Albuminabzug auf Visitenkarte, Originalgrösse, Höflinger-Archiv, Basel

Abb. 3 Rückseite von Abb. 2

«nach Wunsch Aufnahme von bestimmten Gegenden, Gebäuden, Brükken» – und für Reproduktionen von Kunstwerken. Zusätzlich erteilte er auch Unterricht, nach den «einfachsten, neuesten und besten, praktischen Erfahrungen». Die Ateliers von F. Reinhard, Häfeli und Vollenweider sowie von Franz Xaver Herzog treten ab 1859 in Erscheinung.

Parallel zur Etablierung der Berufsphotographen vollzog sich eine zunächst zögernde Ausweitung des Angebots an photographischen Bildern und Zubehör in den Geschäften der Stadt. 1854 und 1855 erschienen erstmals mehrere Inserate pro Jahr, die ein solches Angebot vorstellten. Vor allem im Hinblick auf das Weihnachtsgeschäft wurde auf Reproduktionen von Kunstwerken hingewiesen. Dass es sich hier um ein noch nicht lange bestehendes Angebot handelte, legen die einleitenden Sätze im Inserat der «Neukirch'schen Buchhandlung» nahe, das erstmals am 10. November 1854 im «Intelligenzblatt der Stadt Basel» erschien: «Eine neue Kunst ist seit einiger Zeit mit dem Kupferstich, der Lithographie und dem Stahlstich zur Vervielfältigung künstlerischer Erzeugnisse in die Schranken getreten. Es ist die Photographie. Wer könnte leugnen, dass sie in Bezug auf die Genauigkeit der Wiedergabe alles Bisherige übertrifft». Die photographische Schicht war damals jedoch annähernd farbenblind, und die Reproduktion eines Gemäldes erforderte eine intensive Negativretusche. Oft behalf man sich auch mit Reproduktionen von Stichen nach Gemälden. Diese Situation verbesserte sich grundlegend erst 1906 mit der Einführung panchromatischen Aufnahmematerials.

Bis 1858 verbreitete sich das Angebot kontinuierlich. 1856 kündigte sich eine neue Mode an. Erstmals wurde für Stereoskope und die dazugehörenden Bilder – Ansichten der Schweiz und von Italien – inseriert. Im gleichen Jahr gastierte auf dem Barfüsserplatz ein Herr Foubert mit stereoskopischen Ansichten von Paris und der Weltausstellung von 1855. Der Betrachter konnte die «Galerien der Weltausstellung besichtigen, ohne sich zu derangieren oder die Kosten und Unannehmlichkeiten einer Reise zu tragen»[9]. Eine deutliche Ausweitung des Inseratenvolumens brachte das Jahr 1859. Immer vielfältiger wird das Angebot an Alben oder Einzelblättern mit Aufnahmen von Kunstdenkmälern sowie an Stereoskopen – unter anderem im Brieftaschenformat und mit verschiedener Farbenbeleuchtung für Glasbilder – und den dazugehörigen Bildern. Ansichten aus ganz Europa und aus Ägypten bringen die weite Welt in die Bürgerstuben. Neu angeboten werden auch Buchzeichen und Bibeln mit Photographien, ebenso Porträts bekannter Basler Persönlichkeiten.

Die bisher grösste Zunahme an Inseraten zum Themenbereich erfolgte 1860; bis 1862 wird nur noch ein leichter Zuwachs erfolgen. Mehr als ein Dutzend verschiedene Geschäfte werben für ein breites Spektrum an Photographica. Erstmals 1860 fielen vereinzelt zwei Stichworte, die in der Folge aus dem Angebot nicht mehr wegzudenken sind: Visitenkarten und Photoalbum. Beide Phänomene müssen zusammen gesehen werden. Dem Visitenkartenporträt zum weltweiten Durchbruch verhalf der Pariser Photograph Adolphe-Eugène Disdéri. Die von ihm entwickelte Kamera mit sechs oder acht symmetrisch angeordneten Objektiven ermöglichte, mit einer einzigen Belichtung, eine entsprechende Anzahl von Porträts. Diese Verkleinerung des Formats – das Bild mass um

5,7 × 9 cm und wurde auf einen Karton von 6,3 × 10 cm geklebt – machte die Photographie erst für ein breites Publikum erschwinglich und populär. Die Normierung des Bildformats ermöglichte auch die industrielle Herstellung von Photoalben. Je nach Modell waren auf der einzelnen Albumseite eines oder mehrere «Fenster» ausgespart, unter die das Kartenbild geschoben wurde.

Ab 1860 bot «Ambergers und Schweighausers Sortimentsbuchhandlung» regelmässig photographische Fachliteratur an. Erstmals wurde auch für stereoskopische Ansichten von Basel geworben, ohne dass jedoch der Photograph genannt wurde. Dazu waren Aufnahmen vom kürzlich renovierten Universitätsgebäude und von der Rheinbrücke erhältlich. Zusammen mit dem Angebot an Porträts von Basler Persönlichkeiten begannen sich hier die Konturen einer lokalen Bildberichterstattung auszubilden. Die Photographen vertrieben ihre Produkte selber – werbewirksam ausgelegt in den Schaufenstern ihrer Ateliers – oder über die Kunst- und Buchhandlungen. Dieser Markt blieb ihnen, bis sich in den Basler Tageszeitungen, Anfang der 1930er Jahre, die Photographie auch im Lokalteil durchsetzte. Das Angebot an örtlicher wie überregionaler Bildberichterstattung dieser Art wuchs, und der Zeitraum zwischen dem Ereignis und dem Feilbieten der es dokumentierenden Photographien war oft sehr kurz. So wurden in den «Basler Nachrichten» am 22. Mai 1861 stereoskopische Ansichten der Brandstätte in Glarus angeboten – das Unglück ereignete sich am 10. Mai – oder am 16. Juni 1864 das Visitporträt von Carl Gustav Jung, Professor für Anatomie an der Universität Basel, vier Tage nach dessen Tod. Der Name des Photographen ist nicht erwähnt, es dürfte sich aber um eine Aufnahme von Jakob Höflinger (Abb. 10) handeln. Gleichzeitig mit der Ankündigung des Konzerts von Carlotta Patti wurde 1865 von vier verschiedenen Anbietern auch für ihr Visitporträt geworben, und innert Monatsfrist waren die Porträts von Abraham Lincoln und seinem Mörder verfügbar. Dies sind nur wenige Beispiele für die Konjunktur des Visitkartenbildes und der stereoskopischen Ansichten. Letztere konnten zudem ab September 1864 im «Stereoscopen-Salon» des Optikers Iberg in reicher Auswahl betrachtet werden.

Ein Abstecher ins Jahr 1870 veranschaulicht die Dimensionen, zu denen sich dieses Anfang der sechziger Jahre noch bescheiden entwickelte Geschäft ausdehnen sollte. Damals warb der Photograph Adam Varady für seine «Ansichten von Strassburg, gleich nach der Capitulation aufgenommen, 112 verschiedene in Stereoscop- oder Visitenkartengrösse, 30 Stück in gross Quartformat, Einzelne, Dutzend-, 100- und 1000weise zu haben»[10]. Zur gleichen Zeit wurde auf der Herbstmesse ein «Grosses Photographienlager» angeboten. Im Visitkartenformat erhältlich waren eine «Auswahl von 20 000 Photographien, zirka 5000 Nummern»[11]. Ein Grossteil dieser Bilder waren Reproduktionen von Gemälden verschiedener Gattungen.

Tauchten in den Jahren 1860 und 1861 keine neuen Namen unter den Basler Photographen auf, so 1862 gerade deren vier. Gleichwohl blieb der Bestand stabil, da bei einer gleichen Anzahl früher etablierter Ateliers zu diesem Zeitpunkt keine Aktivität mehr nachgewiesen werden kann. Die im Basler Adressbuch zum zweiten Mal als Berufsgruppe erfassten Photographen – 1854 war Emil Wick allein aufgeführt – zählt acht Namen. Nicht erwähnt wurde der auch weiterhin tätige Friedrich Hartmann. Neben ihm, Friedrich Schröter, Jakob Höflinger und Johann Bucher finden sich neu Isaac Mäglin, Ferdinand Parisel, Andreas Hess und Gottlieb Bär. Fünf Ateliereröffnungen erlebte Basel 1863. Um die Gunst der Kunden bemühten sich erstmals die Gebrüder Magnat, J.C. Javelle, F. A. Bossard und die Partner Strübin und Herzog. Dass die Photographen oft das Publikum mit sogenannten «Erfindungen» zu gewinnen suchten, zeigt sich besonders bei den Inseraten der Neulinge, die in einzelnen Fällen nun auch durch ihre besondere Grösse auffallen. So warben die Gebrüder Magnat mit ihrer «pose instantanée»: Um ihrem Opfer einen möglichst natürlichen Ausdruck abzugewinnen, machten sie Konversation. Sie gewährten zudem ein Rückgaberecht auf nicht gelungene Aufnahmen und neue Sitzungen, bis der Kunde zufriedengestellt war[12]. 1864, im letzten Jahr des ersten Jahrzehnts in der Geschichte der Basler Berufsphotographen, eröffnete eine ihrer schillerndsten Gestalten sein Atelier: Adam Várady. Der Advokat und Major, ein Opfer der missglückten ungarischen Freiheitsbewegung von 1849, liess sich 1863 in der Stadt nieder. Seine Söhne Attila und Johann übernahmen 1875 sein Atelier. Nur kurze Zeit tätig waren J. Bastady und der Pole Michael Bunikiewicz, die im gleichen Jahr erstmals an die Öffentlichkeit traten. Dem letzteren, einem Emigranten wie Várady, richtete das Polenkomitee das Atelier ein. Schon im Sommer des folgenden Jahres wurde es vom Augsburger Johann Jungmann übernommen.

Von den Gründervätern der Basler Berufsphotographen, jenen, die ihr Atelier in den fünfziger Jahren eröffnet hatten, waren Ende 1864 nur noch Friedrich Hartmann und Jakob Höflinger tätig.

Abb. 4 Jakob Höflinger: Porträt Friedrich Hagenbach (1840–1913), datiert November 1860, kolorierter Abzug auf Silbersalzpapier, Originalgrösse, Porträtsammlung Universitätsbibliothek Basel

Jakob Höflinger: 12 Visitenkartenporträts, Porträtsammlung Universitätsbibliothek Basel

Abb. 5 Carl Bachofen (1817–1909), datiert 1862
Abb. 6 Hans Franz Passavant (1845–1909), datiert 1864
Abb. 7 Laura Burckhardt-Alioth (1821–1880), erste Hälfte 1860er Jahre
Abb. 8 Fritz (1859–1942) und Emma (1857–1913) Sarasin, datiert 1863
Abb. 9 Daniel Immler (1841–1890), datiert 15.1.1863
Abb. 10 Carl Gustav Jung (1794–1864), Variante zu einer datierten Aufnahme von 1862
Abb. 11 Ernst Stückelberg (1831–1903) und Frank Buchser (1828–1890), erste Hälfte 1860er Jahre
Abb. 12 Peter (1797–1869) und Henriette (1809–1878) Brenner-Carew, ca. Mitte 1860er Jahre
Abb. 13 Eduard Bischoff (1828–1885), datiert 1868
Abb. 14 Elisabeth Kellermann (1876–1938), um 1880
Abb. 15 Alfred Jaquet (1865–1937), datiert Januar 1888
Abb. 16 Julie (1869–1952) und Valérie (1874–1955) Burckhardt, erste Hälfte 1890er Jahre,
       Aufnahme von Albert oder August Höflinger

Auch Jakob Höflinger hatte Anfangsschwierigkeiten zu überwinden, bevor er sich 1866 mit sichtlichem Berufsstolz selbst in Szene setzte (Abb. 2): «*Das Geschäft ging im Anfang schwach, da ich ganz fremd ohne alle Protektion war, allein ich verlor den Mut nicht (..). Da anfang des sechziger Jahres die Visitkarten aufkamen, so schaffte ich mir gleich von Paris aus ein neues Instrument für diese Bilder an, da solches für hier ganz neu war, so bekam ich sehr viel zu thun*». Jakob Höflinger erlebte goldene sechziger Jahre, denn 1871 erstand er das Haus Blumenrain 32 für 51 000 Franken und richtete es für weitere 12 000 Franken ein[13]. Es war sein viertes Atelier. 1863 verliess er den «Antonierhof» an der Rheingasse und bezog das Haus «Zum Pomeranzenbaum» in der Steinenvorstadt. Noch im Herbst des gleichen Jahres musste er sein neues Domizil verlassen, da ihm «*ein Nachbar das Licht verbaute*». Bis zum Hauskauf wohnte und arbeitete er in der St. Johannsvorstadt 44.

Seit seiner Ankunft in Basel vergrösserte sich Jakob Höflingers Familie um die Tochter Sophie (1859) und den Sohn Adolf (1861). Es war der zweitgeborene Sohn Karl Albert (1855–1936), der zunächst den Photographenberuf ergriff und nach der Lehre seit den siebziger Jahren im väterlichen Betrieb mitarbeitete. Gleichzeitig bildete er sich zum Porträtmaler aus und reiste zu diesem Zwecke 1878 auch erstmals nach Paris. 1880 begann sein Vetter August (1867–1939) die Lehre bei Jakob Höflinger. Beide arbeiteten in der Folge als dessen Gehilfen und übernahmen ab Juni 1885 den Betrieb ganz: Jakob Höflinger erlitt Ende Mai einen Schlaganfall, der ihn halbseitig lähmte. Nach dem Tod des Firmengründers, am 18. Dezember 1892, trug der Neffe August die Hauptlast des Betriebs, da Albert sich immer mehr der Malerei zuwandte. Am 29. August 1896 verkaufte ihm dieser das Geschäft, und 1908 bezog August Höflinger sein eigenes Haus am Auberg 8. Hier führt, nach dem Sohn Walter (1904–1958), der Enkel Heinz das Photoatelier in der vierten Generation und verwaltet den Nachlass[14] seiner Vorgänger, soweit dieser erhalten geblieben ist.

Der Grundstock dieses Nachlasses stammt aus dem «Artistisch-photographischen Atelier» des Firmengründers, in dessen Produktion uns ein Redaktor der «Basler Nachrichten» am 24. Dezember 1863 einen ersten Einblick gewährt: «*Es gereicht uns zum Vergnügen und wir erfüllen eine Pflicht dem Publikum gegenüber, wenn wir dasselbe auf die Leistungen des Photographen Herrn J. Höflinger besonders aufmerksam machen. Ein Besuch des Atelier, den wir jedem Freunde dieser Kunst anrathen, gibt einen überraschenden Einblick in die Vielfältigkeit und Vervollkommnung, welche diese heitere Erfindung unserer Tage bereits geworden ist. Wir finden da die trefflichsten Stereoskopbilder, fast sämmtliche Darstellungen aus unserer Stadt und Umgebung, dann Portraits in allen Dimensionen, vom heimlichen Medaillon bis zum prunkenden Salonbild, ausgezeichnet aber vor allem ganz vorzügliche Chromophotographien, Porträts in Farben. Gerade dieser Art Bilder widmet Herr Höflinger die so nöthige grösste Aufmerksamkeit, sowohl bei der Aufnahme als bei der Ausführung; sie wetteifern mit den schönsten Ölbildern, was Ton und Kolorit anbelangt, während sie die Treue des ursprünglichen Lichtbildes gewissenhaft bewahren.*»

Über das dritte Tätigkeitsgebiet Jakob Höflingers – und seiner Nachfolger – informiert uns ein Inserat der «Neukirch'schen Buch- und Kunsthandlung» in den «Basler Nachrichten» vom 7. Dezember 1864. Angeboten werden Photographien der «Kunstschätze der Mittelalterlichen Sammlung zu Basel». Als Herausgeber zeichneten Wilhelm Wackernagel, der Gründer der Sammlung, und Jakob Höflinger. Dem zwei Tage später in der gleichen Zeitung erschienenen Artikel entnehmen wir, dass dies nicht der erste derartige Auftrag des Photographen war: schon 1862 hatte er, im Auftrag der «Antiquarischen Gesellschaft», Teile des Basler Kirchenschatzes abgelichtet.

Die Haupteinnahmen stammten jedoch aus dem Porträtgeschäft, dessen segensreichen Auswirkungen die allegorische Darstellung auf der Rückseite des Visitselbstporträts Jakob Höflingers (Abb. 3) veranschaulicht. Am lukrativsten waren die meist grossformatigen Porträts, ausgeführt in «Farben oder Schwarz». Die schwarzweissen Porträts waren in der Regel retuschiert; häufig in der Form kurzer gestrichelter Linien – auf der mit einem transparenten Film überzogenen Plattenrückseite –, mittels derer die Modellierung der Gesichter korrigiert und «Fehler» der Natur und des Photographen zum Verschwinden gebracht wurden. Farbbilder (Abb. 4) der üblichen Art entstanden durch nachträgliches Kolorieren eines Abzugs mit Aquarell- oder Temperafarben. In den teuersten und aufwendigsten Ausführungen war eine Photographie kaum mehr als solche zu erkennen. Anfang der sechziger Jahre engagierte Jakob Höflinger für diese Arbeit den Maler Zeller.

Ein spezielles Verfahren zur Herstellung von Farbbildern war die Chromophotographie. Joseph Albert praktizierte diese schon 1860, und es ist gut möglich, dass sich Jakob Höflinger auch in diesem Falle auf die Erfahrung seines Kollegen stützte. Das Verfahren lässt sich als eine Art photographische Hinterglasmalerei verstehen: «*ein in heisser Wachsablösung transparent gemachter Albuminabzug wurde mit einer deckungsgleich ausgemalten Umrisszeichnung unterlegt, so dass die Farben durch die photographische Halbtonzeichnung hindurchschimmerten*»[15]. Beim einzigen im Höflinger-Archiv verwahrten Exemplar sind die beiden Bildebenen durch zwischen sie geschobene Kartonstreifen getrennt, wodurch das Porträt eine räumliche Dimension gewinnt.

Eine Sondergruppe unter den nachträglich bearbeiteten Porträts bilden jene Beispiele, bei denen das gemalte Bild und die Photographie mittels der Montagetechnik kombiniert waren. So wurde in ein gemaltes Reiterbild – eine Seitenansicht vor weiter Landschaft – jeweils die photographierte Büste einer Person eingesetzt und das Ganze nochmals photographiert. Ein ähnliches Vorgehen fand auch bei vielfigurigen Gruppenporträts Anwendung.

Sehr selten retuschiert oder koloriert wurden Visitenkartenporträts. Bei ihnen zeigt sich die Einbindung in die Tradition der Malerei in den Posen der Dargestellten, den verwendeten Requisiten und gemalten Hintergründen. Noch rühriger wirkt die Instrumentierung mit solchen Versatzstücken in Jakob Höflingers Porträts der sechziger Jahre. In den Ganzfigurenbildnissen verschmelzen Figur und Kulisse noch nicht so stark wie in den späteren Beispielen, und der Pose haftet noch oft eine gewisse Sprödigkeit an. Vorhang, Balustrade, Säule und Postament sind häufig ins Bild gerückt und bilden, kombiniert mit gemalten oder neutralen Hintergründen, den Rahmen für die porträtierte Person. In der

Abb. 17 Albert oder August Höflinger: Kostümgruppe, 1885–1896, Albuminabzug, 23,2 × 17,6 cm, auf Karton, 26,7 × 19,8 cm («Imperial»), Sammlung Peter Herzog, Basel

Abb. 18 Jakob Höflinger: Studentenverbindung «Pädagogia», datiert September 1882, Albuminabzug 14,9 × 10,3 cm, Porträtsammlung Universitätsbibliothek Basel

Tradition des Barockbildnisses, eingerahmt von Säule und Vorhang, posieren selbstsicher der im besten Mannesalter stehende Fabrikant (Abb. 5) und, verhaltener, der Jüngling (Abb. 6), dessen Profil in dem an der Säule befestigten Spiegel als Bild im Bild erscheint. Zum Motiv des in der Biedermeiermalerei beliebten stillen Winkels formiert sich die Szenerie in einem Damenbildnis (Abb. 7), dessen gemalter Hintergrund eine von Blumenranken bewachsene Mauer zeigt. Wiederholt auf den frühen Visitporträts anzutreffen ist die gemalte Ansicht des Rheinufers zwischen Münster und alter Universität (Abb. 9). In anderen Porträts wird – mit unterschiedlichem Aufwand – ein bürgerliches Interieur angedeutet. Oft genügt dazu eine bequeme Sitzgelegenheit und ein vom Bildrand angeschnittener Tisch (Abb. 12). Häufig posiert wurde auf einem Sessel mit gepolsterter Rücklehne und langen Fransen (Abb. 14); er stammt aus dem Angebot der damals die Photographen mit Möbel und Dekorationen versorgenden Zulieferindustrie. Dass auch das Atelier Höflinger zu ihren Kunden gehörte, zeigt ein Blick in die Inventarliste des Kaufvertrages zwischen Albert und August Höflinger. Neben 17 verschiedenen Hintergründen sind folgende Dekorationsstücke verzeichnet: drei Balustraden, ein künstlicher Fels, mehrere Tisch- und Fussteppiche, ein Stehspiegel sowie eine grössere Anzahl Möbel – vom Rokokotischchen über das geschnitzte Sofa bis zum Kindertischchen mit zwei Stühlen.

Vor allem auf den Porträts ab den achtziger Jahren zeigt sich eine verstärkte Tendenz zur illusionistischen Kulisse. Bei den Ganzfigurenbildern wurde nun auch der Vordergrund mit dem gemalten Hintergrund in Übereinstimmung gebracht (Abb. 16); Kontraste, wie sie noch in den Porträts der sechziger Jahre anzutreffen waren (Abb. 8, 9), fallen weg. Das erhaltene Bildmaterial lässt drei Tendenzen im Bereich dieser künstlichen Szenerien erkennen: ländliche Idylle, oft mit den Akteuren in Trachten, Phantasiekulissen (Abb. 17) sowie die gemalte Wohnzimmerecke mit Fenster. Bei Teilporträts wurden die Hintergründe oft ausserhalb des Schärfenbereichs der Kamera belassen. August Höflinger, der auf Kinderporträts spezialisiert war, photographierte seine kleinen Akteure auch inmitten aus dem Atelierboden spriessender Pflanzen und vor einem im Dunst sich auflösenden landschaftlichen Hintergrund. Einen ähnlichen Effekt bewirkte die sogenannte «Vignettierung» (Abb. 15). Diese wurde, seit den Anfängen des Ateliers, sehr häufig angewandt, vor allem bei Brustbildern, die weit über die Hälfte der Produktion ausgemacht haben dürften.

In der Wahl der Kulissen wie in der Gestaltung der Visitenkarten hatte sich der Photograph nach den jeweils neuen Trends zu richten – oder er tätigte eine eigene Erfindung –, wollte er im Geschäft bleiben. Jakob Höflinger bildete hier keine Ausnahme. So warb er am 15. Dezember 1865 in den «Basler Nachrichten» für zwei «*Neue Gattungen von Visitenkarten-Porträts*»: «*Doppelgänger*» und «*Gamee*», die zwei Porträts in «*verschiedenen Stellungen*» oder vier verschiedene Brustbilder auf einer Karte vereinen. Das Prinzip des Doppelgängerbildnisses benutzte Jakob Höflinger auch für seine Aufnahmen von Patienten der chirurgischen Abteilung des Bürgerspitals (Abb. 19)[16].

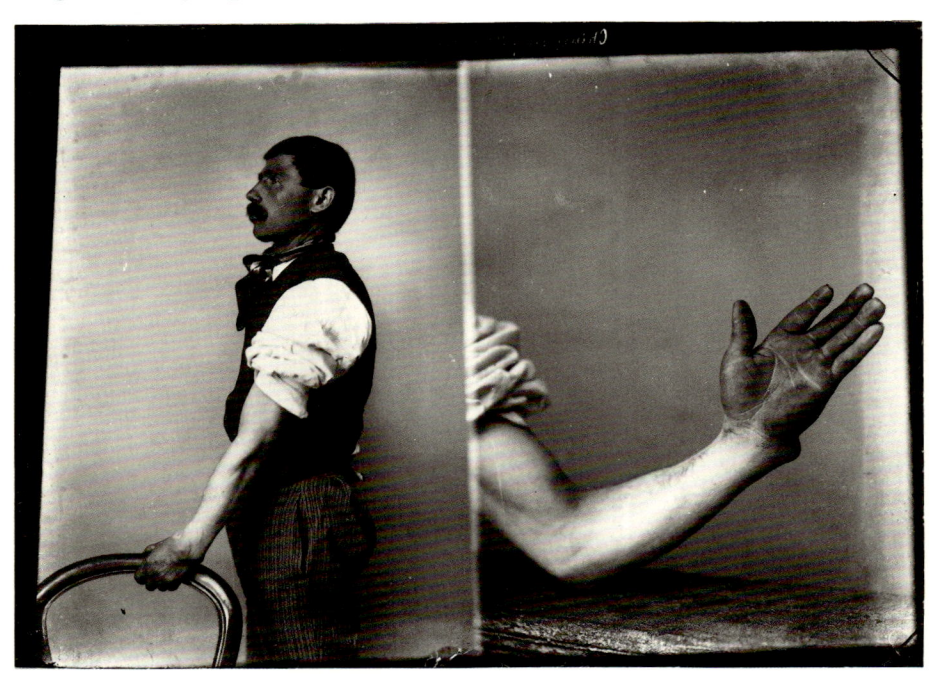

Abb. 19 Jakob Höflinger: Patient der Chirurgischen Abteilung des Bürgerspitals Basel, um 1870 oder früher, Neuabzug von der Originalplatte, 16,5 × 11 cm, Höflinger-Archiv, Basel

Ab Ende der sechziger Jahre tauchen in seiner Produktion auch die das Visitformat ergänzenden neuen Kartengrössen auf, so die Formate «Cabinet» (110 × 170 mm), «Boudoir» (134 × 215 mm, ab 1875) und «Imperial» (175 × 250 mm, ab 1875). Ebenso verfolgen lässt sich die Tendenz zu einer immer grösseren Prächtigkeit in der Kartengestaltung. Die Kartons werden dicker, und ihre matte Oberfläche wird durch eine glänzende ersetzt. Leicht getönte und schwarze Kartons ergänzen das Sortiment. Rundecken und Goldschnitt werden modern. Die ovalen Bilder werden gestanzt und wölben sich aus der Kartenfläche. In verschiedenen Farben gehaltene Umrandungen rahmen das Bild. Zunehmende Wichtigkeit wird auf der Herstellerbezeichnung zugewiesen. Die anfänglich auf der Rückseite der Karten angebrachten Stempelaufdrucke werden von den in verschiedenen Farben gedruckten Emblemen – oft eine Palette – und der in wechselnder typographischer Gestaltung gehaltenen Adresse abgelöst. Auch bei Ausstellungen erhaltene Auszeichnungen werden vermerkt. Bei Sonderanlässen wird das Porträt mit einer girlandenverzierten ovalen Vignette gerahmt (Abb. 10)[17]. Bis ins erste Jahrzehnt dieses Jahrhunderts lassen sich mehr als 25 verschiedene Designs auf den Porträtkarten des Ateliers Höflinger nachweisen. Oft sind die Unterschiede geringfügig, und es werden mehrere Gestaltungsvarianten nebeneinander verwendet.

Die ganze Porträtproduktion – vom grossformatigen Wandbild bis zur Visitenkarte – trägt die Kennzeichen einer starken Typisierung. Nicht nur die wiederholt verwendeten Kulissen und Posen bewirken diesen Eindruck, sondern auch das einheitliche Format und die häufig angewandte Vignettierung. Wie stark die individuellen Züge und die Qualität der Photographie hinter dieser Standardisierung zurücktreten, zeigt das im Tafelteil dieses Buches grossformatig reproduzierte Bildnis Arnold Böcklins, das, in seiner ursprünglichen Form als vignettiertes Visitbild, in der anonymen Masse der andern Bilder dieses Typs verschwindet.

Von besonderem dokumentarischem Wert sind Jakob Höflingers vorwiegend in den sechziger Jahren entstandene Stadtansichten. Er war einer der ersten Photographen Basels, der sich den Malern und Zeichnern beigesellte. Kurz vor ihm dürfte Charles de Bouéll[18] diesen Schritt unternommen haben, andere schlossen sich bald an, so – um nur die bekanntesten zu nennen – Johann Jakob Koch (1818–1902), Adam Várady (1816–1889) und Bernhard Wolf (1864–1951), dessen gegen Ende der achtziger Jahre einsetzende Dokumentation[19] die wohl vollständigste photographische Bestandesaufnahme Basels darstellt.

Für die Zeitspanne der sechziger Jahre kann Höflingers Unternehmen hinsichtlich seiner aus der Menge der erhaltenen Platten erahnbaren Dimension als einzigartig bezeichnet werden. Von den «trefflichsten Stereoskopbildern», die der Redaktor der «Basler Nachrichten» Ende 1863 im Atelier des Photographen bewunderte, sind 150 Plattenhälften im Familienbesitz geblieben. Eine kleinere Anzahl von Originalabzügen befindet sich in staatlichen und privaten Sammlungen[20], nur wenige jedoch in ihrer damals wohl häufigsten Verwendungsart als Stereoskopbild (Abb. 20) und Visitenkarte (Abb. 21, 22). Auch als «prunkende Salonbilder» – teilweise koloriert wie die Porträts – fanden die Stadtansichten ihre Abnehmer.

Abb. 21/22 Jakob Höflinger: St. Albantor, 1863–1872, Albuminabzüge auf Visitenkarte, Originalgrösse, Staatsarchiv Basel, Bildersammlung 5.481 und 5.483

Jakob Höflinger begann sein Unternehmen, als das über Jahrhunderte gewachsene Stadtbild eine grundlegende Veränderung erfuhr. Die

Bevölkerung hatte sich während der letzten dreissig Jahre verdoppelt, unhaltbare sanitärische und verkehrstechnische Verhältnisse waren die Folge. 1861, mit dem Beginn des Abbruchs der Stadtmauer und der meisten Tore, wurde die Stadterweiterung in Angriff genommen. Ungefähr zu diesem Zeitpunkt dürfte auch das fahrende Labor des Photographen – das Nasskollodiumverfahren erforderte das Präparieren und Verarbeiten der Platten am Aufnahmeort – erstmals die Passanten in Erstaunen versetzt haben. Mit nicht gering zu veranschlagender Werbewirkung machte es Halt vor den Sehenswürdigkeiten der Stadt – den verschwindenden wie den (noch) nicht gefährdeten, den kürzlich entstandenen oder den im Entstehen begriffenen. Die Mehrzahl der erhalten gebliebenen Aufnahmen zeigt Sehenswürdigkeiten, die zu jeder Zeit den Blick auf sich ziehen: Münster, Museum, Rheinansichten, zentrale Plätze und Strassen. Die Photographien von Teilen der Befestigungsanlage bilden die zweitgrösste Gruppe, häufig auch solche, die nicht dem Abbruch geweiht waren. Die eigentlichen Abbrucharbeiten scheint Jakob Höflinger nur einmal photographiert zu haben: als diese vor der eigenen Tür stattfanden, beim Abtragen des St. Johann-Schwibbogens (1873). Eine ganze Serie von Aufnahmen dokumentiert das Entstehen der Elisabethenkirche, beginnend mit den Arbeiten am Langhausdach und endend mit der Glockenweihe. Einige der erhaltenen Aufnahmen zeigen, dass Höflinger Menschengruppen nicht nur als Staffage benutzte, sondern auch als solche thematisierte. Mehrmals rückt er Soldaten- oder Kindergruppen ins Bild.

Die aus dem vorhandenen Material erfahrbare thematische Breite zeigt Jakob Höflinger weniger als den «Reporter des Befestigungsabbruchs»[21] denn als einen Chronisten seiner Zeit mit dem Gespür für das gängige und aktuelle Sujet. Auch in der Folgezeit blieb die Stadt ein Thema seiner Photographie. Der Sohn Albert und der Neffe August unterstützten ihn dabei und setzten diese Tätigkeit auch nach seinem Tod fort. Diese spätere Produktion ist jedoch heterogener und weist während keiner Zeitspanne ihres Entstehens eine den frühen Bildern vergleichbare Breite auf. Weiterhin wurden die alten und neuen Sehenswürdigkeiten photographiert oder ihr Verschwinden und Entstehen festgehalten – so die Korrektion und Überwölbung des Birsig oder der Bau neuer Rheinbrücken. Neu hinzu kommt die Dokumentation von Ereignissen, wie sie die Hochwasserführung des Rheins, 1876, Zugsunglücke oder die Installation des ersten Personenaufzugs darstellen. Ein zweiter, wesentlicher Teil der erhaltenen Photographien zum Thema Stadt entsteht seit den neunziger Jahren. Es sind Auftragsarbeiten für grössere und kleinere Gewerbebetriebe. Die Spannweite dieser zu Werbezwecken oder zur Dokumentation der Firmengeschichte erstellten Aufnahmen reicht von Einzelbildern stolzer Ladenbesitzer vor ihrem Geschäft bis zur kleinen Betriebsreportage.

Jakob Höflinger hat sich Basel angesehen. Unzählige Bürger und Orte dieser Stadt sind vor seinen Augen kopf gestanden und haben ihn zu einem wohlhabenden Mann gemacht. Das Altersbildnis des Photographen (auf der letzten Seite) zeigt uns aber auch einen Menschen, den der langjährige Blick durch die Mattscheibe sichtlich gezeichnet hat und der sich, nach fast vierzigjähriger Tätigkeit, nochmals seiner Anfänge erinnert.

Auch seinem Neffen August ermöglichte die Photographie das Leben eines wohlhabenden Bürgers. Noch bis in das zweite Jahrzehnt dieses Jahrhunderts konnte man in Basels Strassen seinem Angestellten beim Ausliefern der Porträts begegnen – auf dem Kopf die Mütze mit den Namenszügen des Ateliers. Nach dem Ersten Weltkrieg war auch in den Photoateliers der Kulissenzauber nicht mehr gefragt. Die Wachstumsbranchen waren der Bildjournalismus und die Werbung, der Reporter und der Sachphotograph verkörperten den «Neuen Fotografen». Anfang der dreissiger Jahre wurde dieser auch in der Schweiz heimisch. Walter Höflinger musste den Betrieb seines Vaters den neuen Erfordernissen anpassen. Während seine Mutter noch in der eigenen Droschke zum Einkaufen fuhr, war seiner Frau Irm nur ein kurzes Gastspiel in einem solchen Gefährt vergönnt: ihr war die Rolle einer Statistin zugeteilt, als der Reporter Walter Höflinger den Auftrag erhielt, die letzte Droschke Basels in Aktion zu photographieren. Der Kulissenzauber fand also doch seine Fortsetzung.

Abb. 20 Jakob Höflinger: Spalentor, 1861–1867, Stereo-Bildkarte mit zwei Albuminabzügen, Originalgrösse, Sammlung Peter Herzog, Basel

ANMERKUNGEN

1 Jakob Höflinger: Meine Erlebnisse, Manuskript, 41 Seiten im Kleinoktav-Format (17,2 × 10,9 cm), Basel, März 1888, mit zwei kurzen Nachträgen 1889 und 1890, Höflinger-Archiv, Basel. Über J. Höflingers Anfänge als Photograph und seine Reisen, vor der Niederlassung in Basel, wurden wiederholt Angaben kolportiert, die durch diese Schrift nicht gestützt werden und auch durch keine anderen Quellen zu belegen sind: die Ausbildung in Paris und die Bekanntschaft mit dem Photographen Nadar sowie der Besuch am Zarenhof von Nikolaus I.

2 Basler Nachrichten, 21.12.1857, Nr. 301, S. 1754

3 Im Besitz des J. Paul Getty Museum, Malibu, USA. Einige Aufnahmen sind reproduziert in: DU, 5. Jg., 1945, Nr. 1, S. 22–26; CAMERA, 60. Jg., 1981, Nr. 12, S. 30

4 Allgemeines Intelligenzblatt der Stadt Basel, 1850–1856; Basler Nachrichten 1857–1865, 1870; Basler Zeitung, 1857–1859; Adressbuch der Stadt Basel, 1839 ff.; Paul Koelner, Emil Wick (1816–1894), in: Basler Jahrbuch 1946, S. 231–253; Staatsarchiv Basel, Akten Handel und Gewerbe, KKK 5

5 Allgemeines Intelligenzblatt der Stadt Basel, 2.12.1854, Nr. 286, S. 3041

6 Emil Wick: Familienchronik, zitiert nach Koelner, 1946, S. 249 (vgl. Anm. 4)

7 ebd., S. 245 und DU, II. Jg., 1952, Nr. 6, S. 17

8 Basler Nachrichten, 21.8.1858, Nr. 197, S. 1193

9 Basler Nachrichten, 3.11.1856, Nr. 261, S. 1416

10 Basler Nachrichten, 12.11.1970, Nr. 268, S. 1324

11 Basler Nachrichten, 26.10.1870, Nr. 253, S. 1257

12 Basler Nachrichten, 23.5.1863, Nr. 120, S. 974 und 16.6.1863, Nr. 140, S. 1136

13 Je Fr. 6000.– für die Neueinrichtung und den Bau eines zweiten Ateliers im Dachstock, 1873

14 Den Grundstock bilden Jakob Höflingers Stadtansichten der sechziger Jahre, bestehend aus ca. 150 halben Stereoplatten. Von den Porträts des Photographen sind nur wenige Platten erhalten geblieben; eine Vorstellung dieser Produktion vermitteln die ca. 400 Originalabzüge, vor allem im Visitenkartenformat, der Porträtsammlung der Universitätsbibliothek Basel (auch von August H.). Etwa 3000 Platten umfasst der Nachlass von August Höflinger: Porträts, verschiedene Aufnahmen zum Themenbereich Basel und Gemäldereproduktionen. Dieses Material ist nur teilweise archiviert.

15 Ranke, Winfried: Joseph Albert, Hofphotograph der Bayrischen Könige, München, 1977, S. 22

16 15 Platten 23,7 × 17,8 cm, davon 14 mit je zwei verschiedenen Aufnahmen 16,5 × 11 cm, einige Platten mit «Chirurgische Abtheilung» beschriftet, Höflinger-Archiv, Basel.

17 Möglicherweise war es dieses Jung-Porträt, das die Neukirch'sche Buch- und Kunsthandlung nach dem Tod des Professors in den Basler Nachrichten zum Verkauf anbot (16.6.1864, Nr. 141, S. 1107).

18 Der Photograph inserierte mehrmals ab Mitte 1958 bis Mitte 1860 in den Basler Nachrichten. Nach diesem Datum hören wir nichts mehr von ihm. Die 6 grossformatigen Stadtansichten in der Sammlung Peter Herzog, Basel, stammen möglicherweise aus jener Zeit. Höflingers Aufnahmen, dies zeigen die Datierungszuschreibungen verschiedener Autoren, dürften kaum vor 1861 entstanden sein.

19 Sammlung Wolf, Staatsarchiv Basel

20 Staatsarchiv Basel; Basler Denkmalpflege; Sammlung Herzog, Basel. Da diese Aufnahmen schon häufig veröffentlicht wurden, hat der Herausgeber dieser Publikation die weniger bekannten Beispiele ausgewählt. Das herausragende Buch zum Thema ist: Basel, Das Stadtbild nach den ältesten Photographien seit 1860, herausgegeben von Rudolf Kaufmann, Basel, 1936.

21 Birkner, Othmar und Rebsamen, Hanspeter: Basel, Inventar der neueren Schweizer Architektur 1850–1920, Bd. 2, Separatdruck, Bern, 1986, S. 45.

PHOTOGRAPHIEN

CENTRALBAHNHOF, UM 1897
Albert Höflinger

HOTEL NATIONAL
HOTEL NATIONAL
SCHWEIZERHOF
HOTEL VICTORIA

GRENZÜBERTRITT BEIM ELSÄSSERBAHNHOF, 1918
August Höflinger

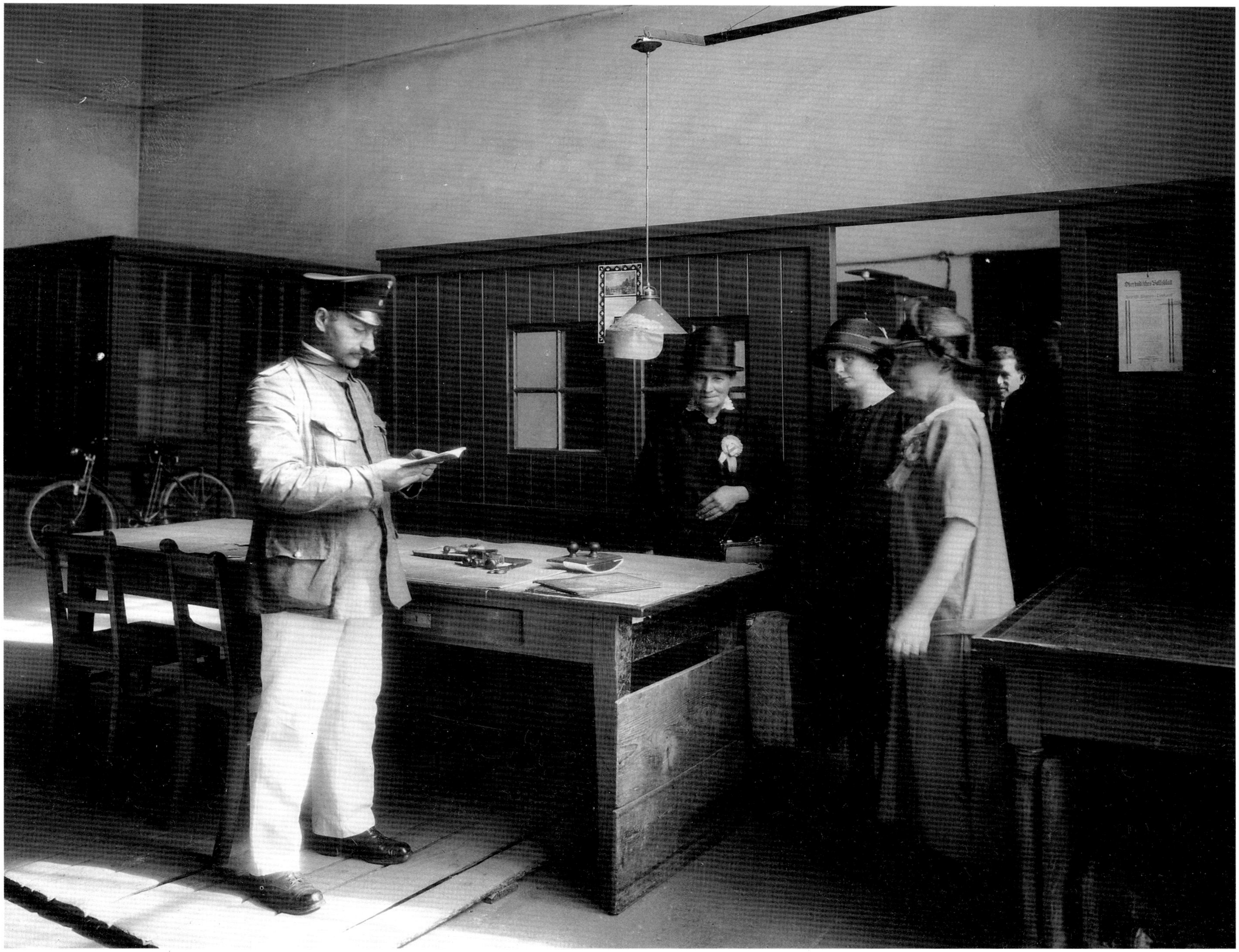

ERSTER BASLER PERSONENAUFZUG
IM HOTEL «UNIVERS» AN DER CENTRALBAHNSTRASSE, UM 1902
August Höflinger

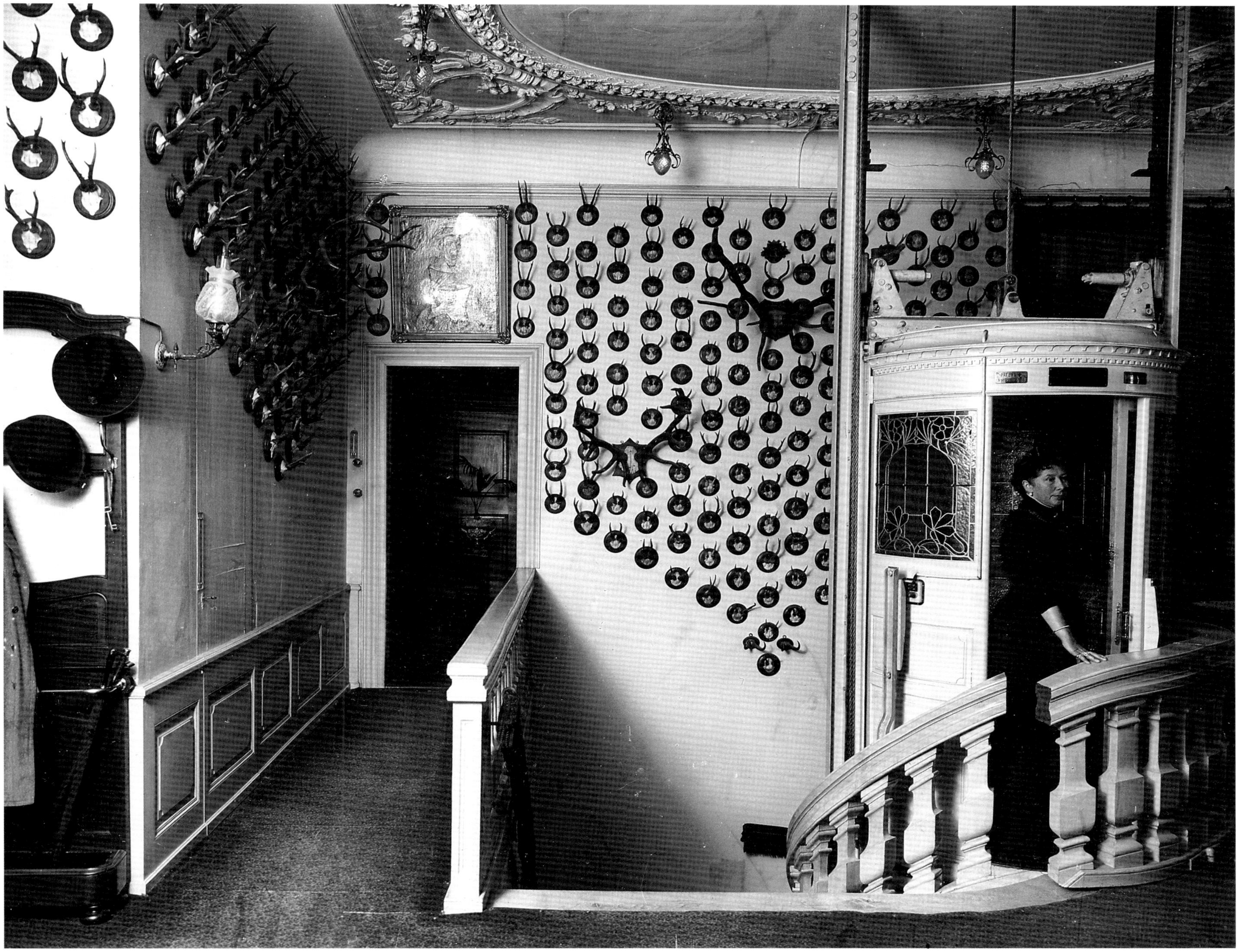

SPRINGBRUNNEN AM AESCHENPLATZ, UM 1897
Jakob Höflinger

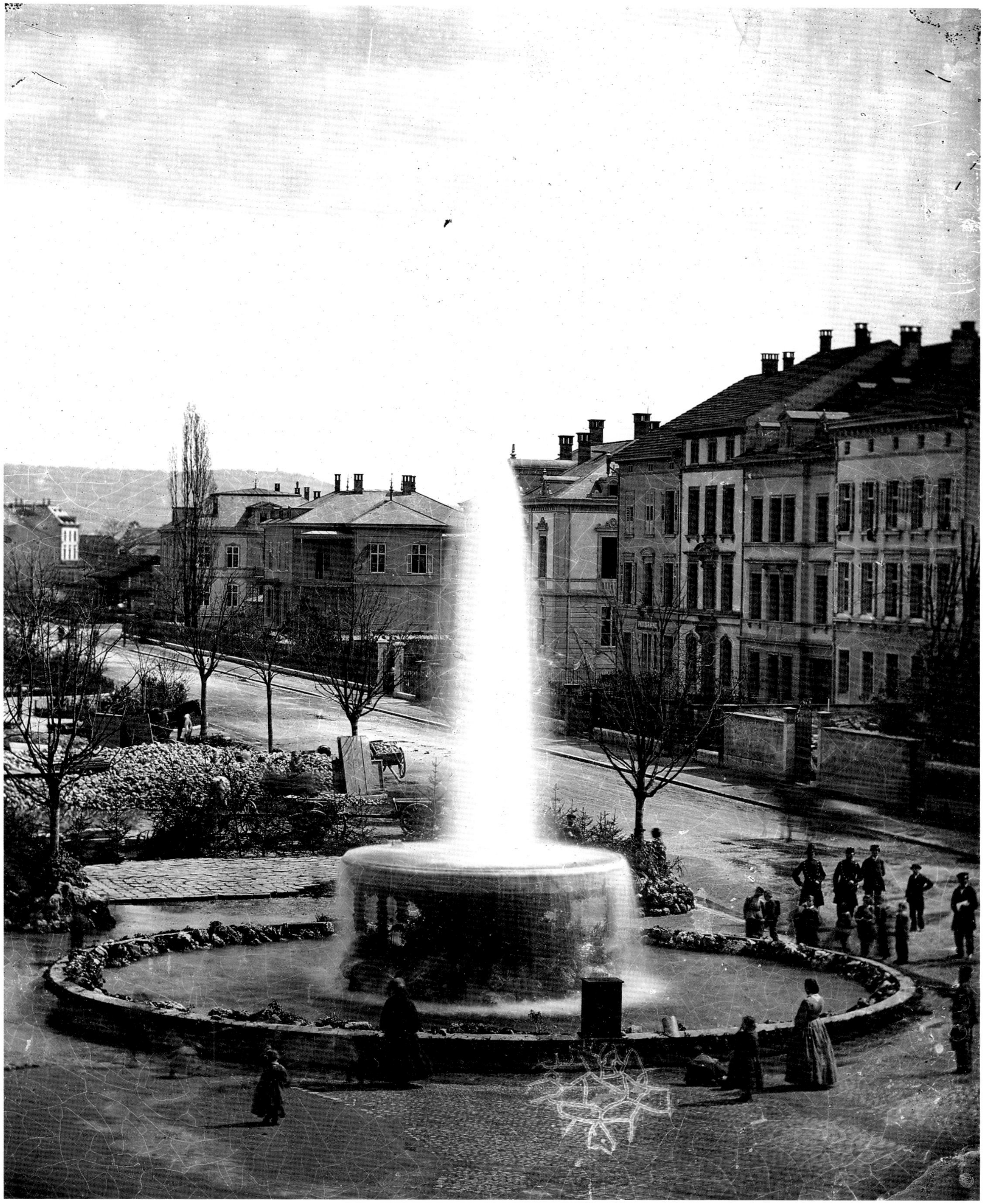

BRUNNGÄSSLEIN MIT ST. JAKOBSBRUNNEN, UM 1890
August Höflinger

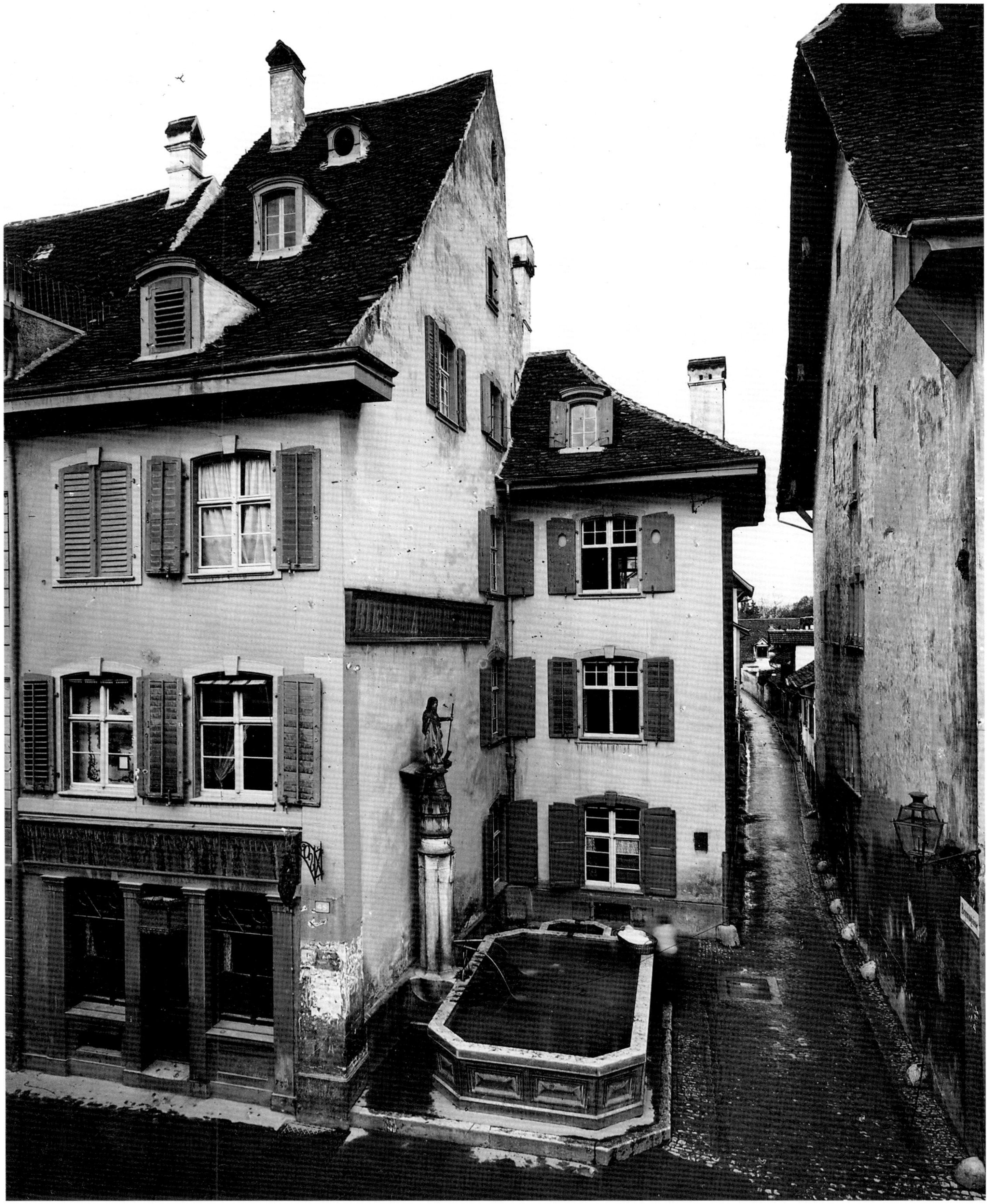

5

RITTERGASSE MIT ST. ALBAN-SCHWIBBOGEN
UND DEUTSCHORDENSKAPELLE, UM 1862
Jakob Höflinger

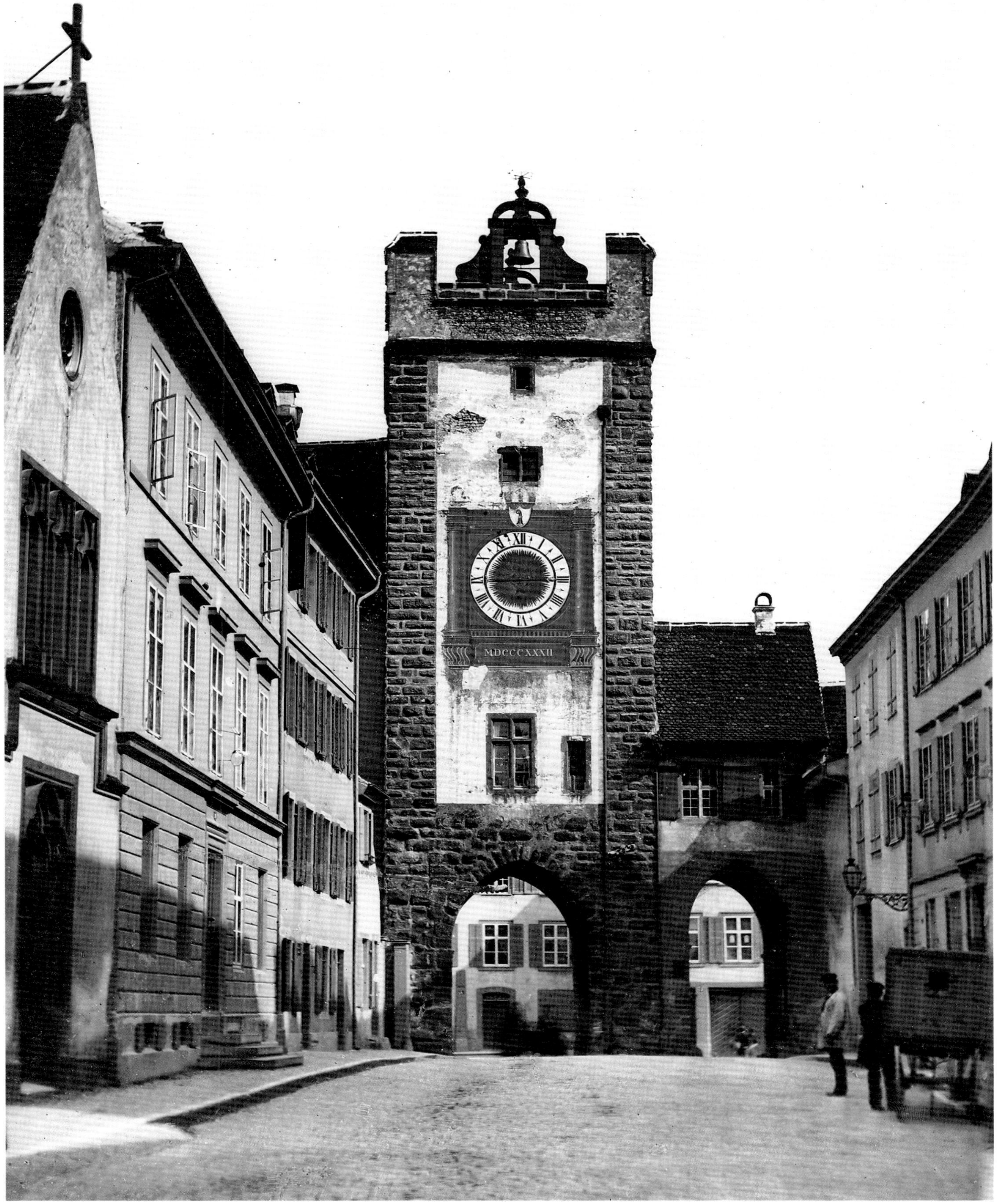
MDCCCXXXII

BASLER BÜRGERTÖCHTER IN DER RITTERGASSE, 1860
Jakob Höflinger

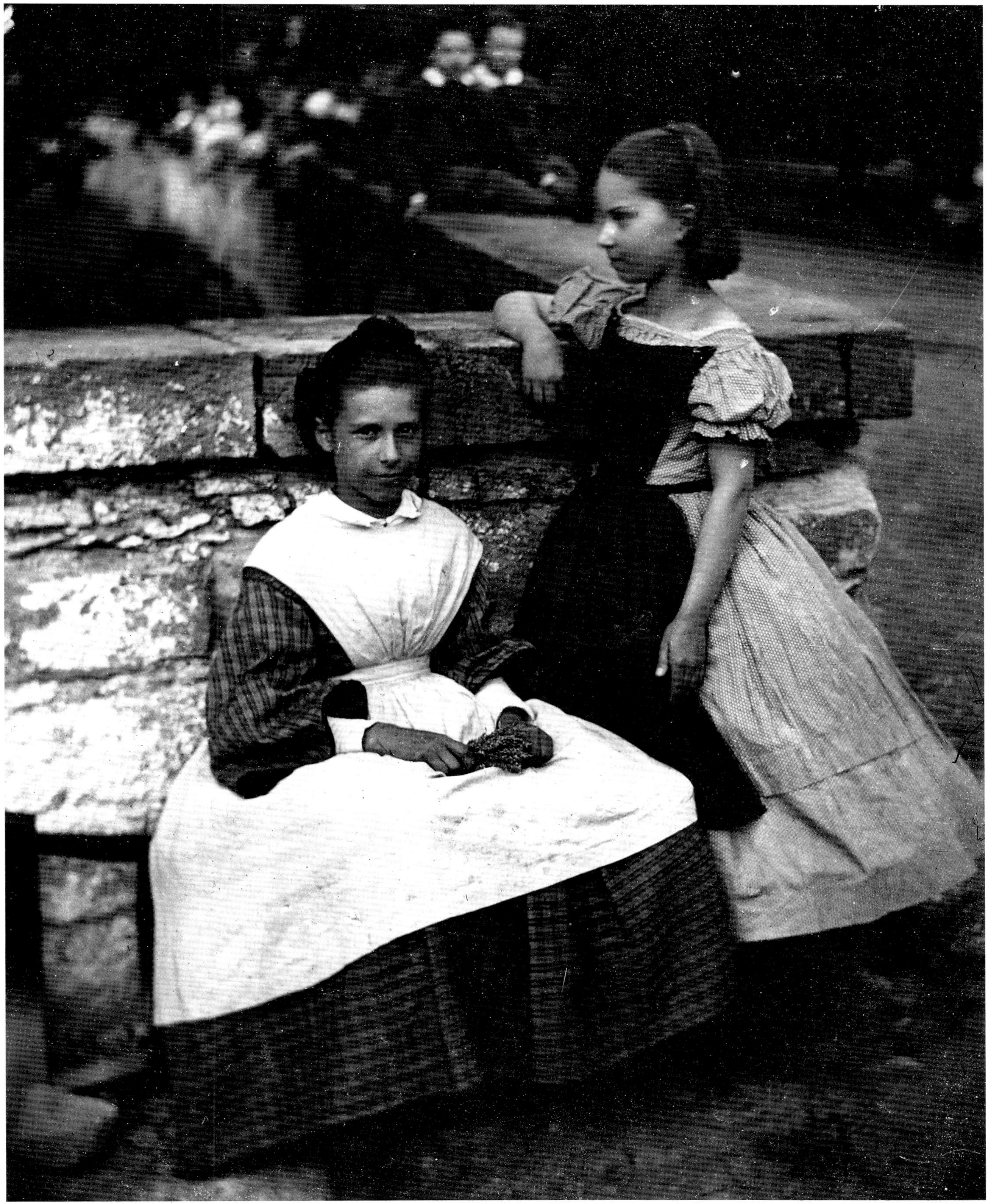

7

ZUM DEUTSCHEN HAUS, UM 1908
August Höflinger

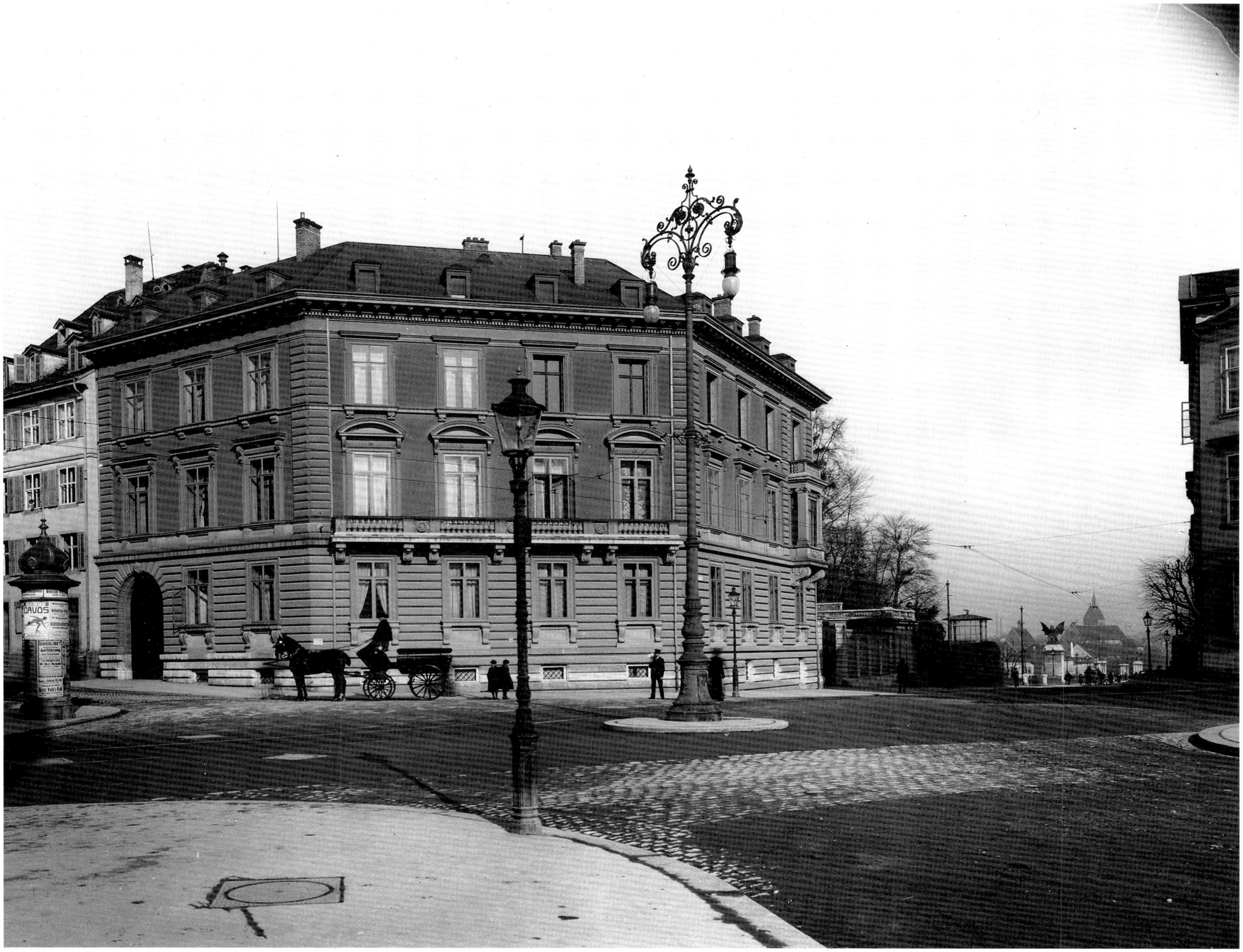

ELISABETHENBRUNNEN, 1865
Jakob Höflinger

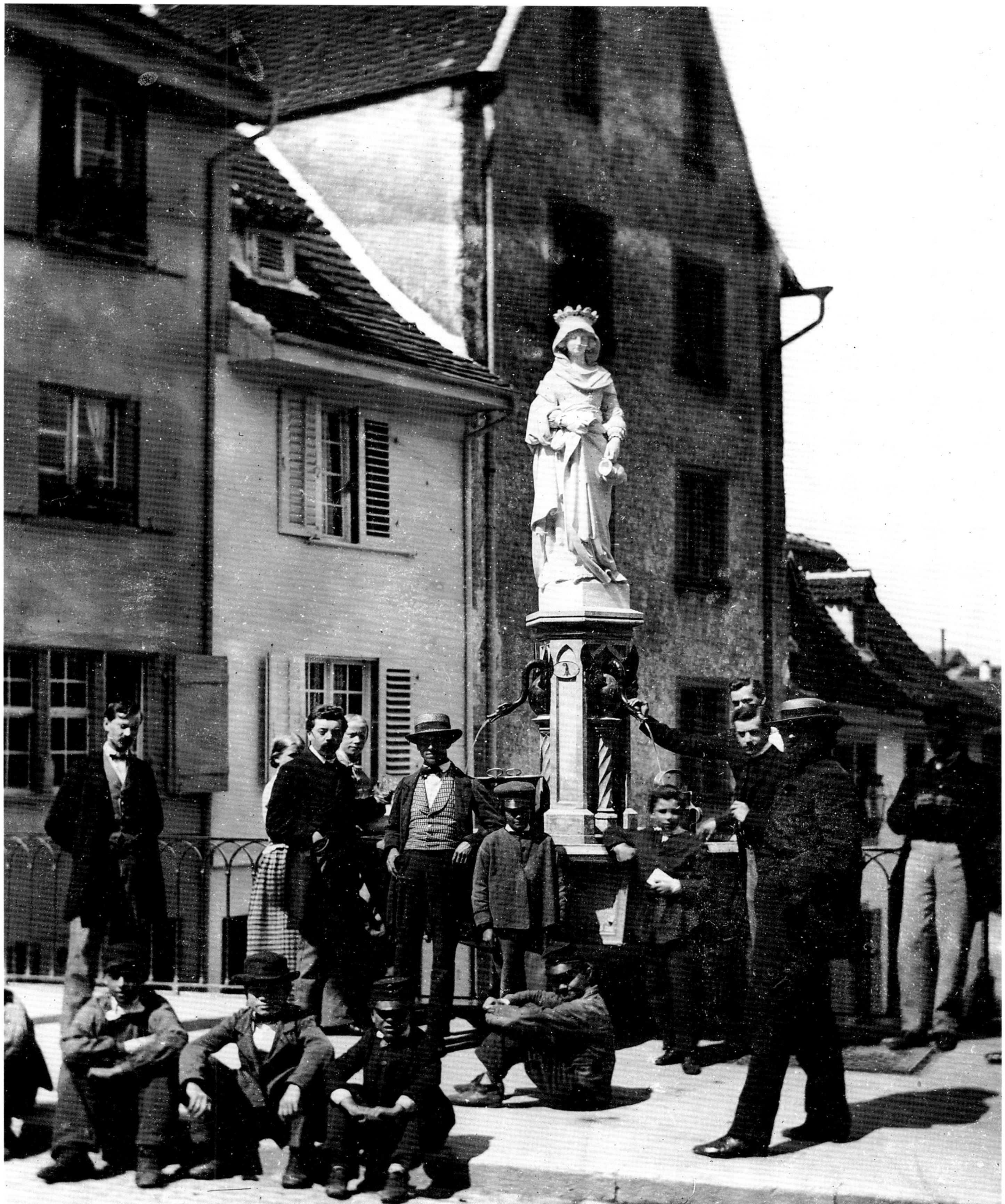

BAU DER ELISABETHENKIRCHE, 1863
Jakob Höflinger

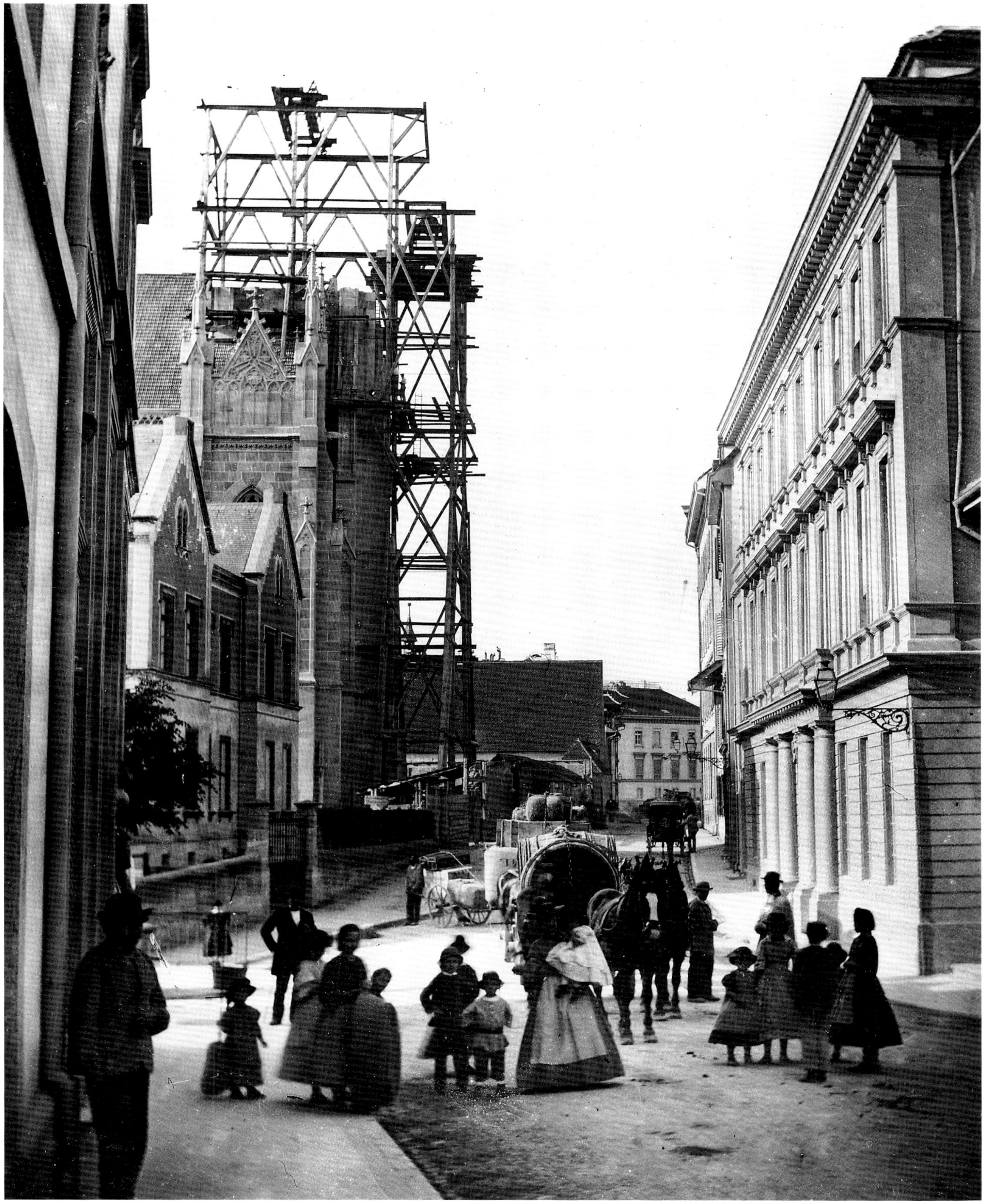

DER BIRSIG BEIM LOHHOF, 1863
Jakob Höflinger

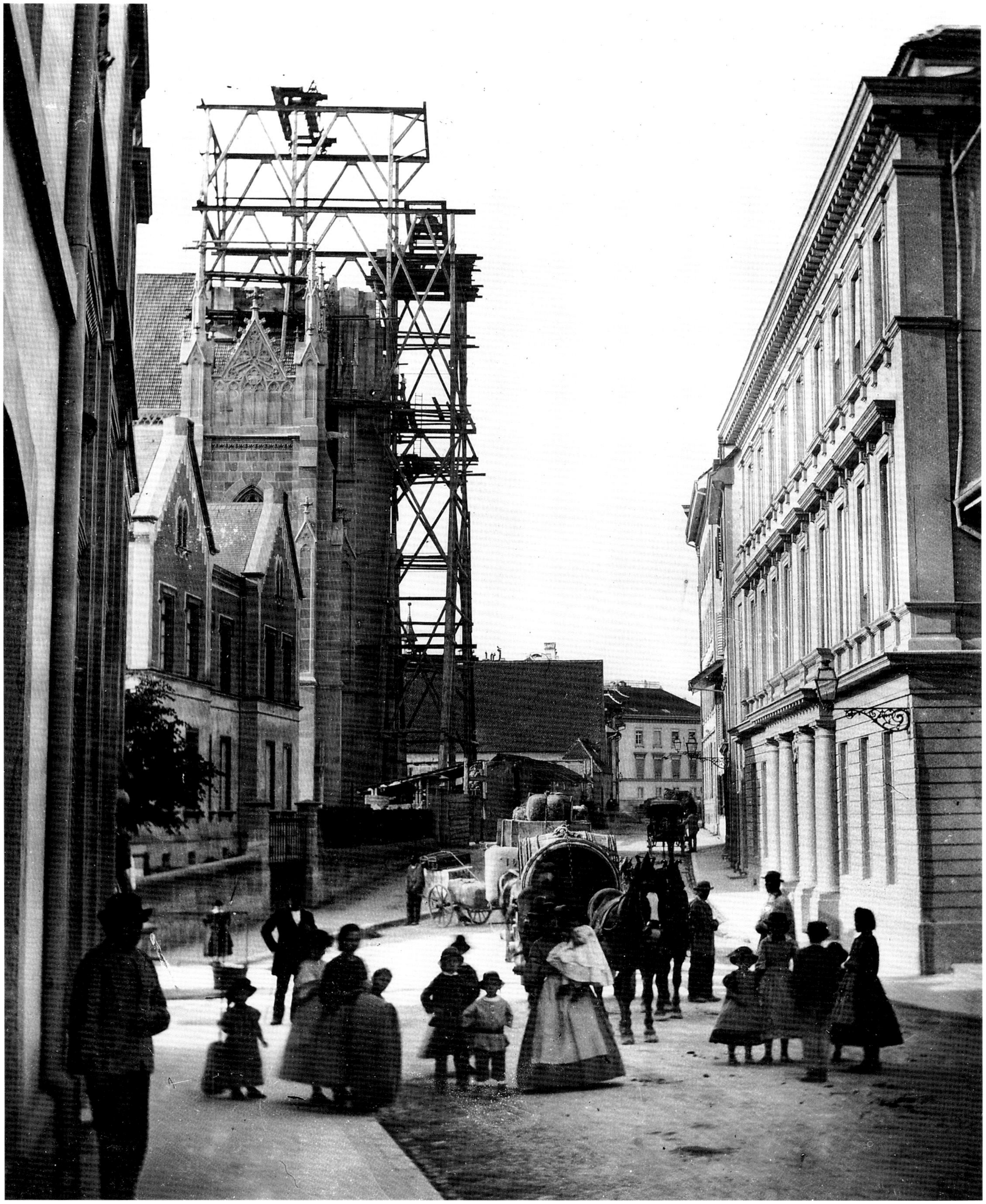

DER BIRSIG BEIM LOHHOF, 1863
Jakob Höflinger

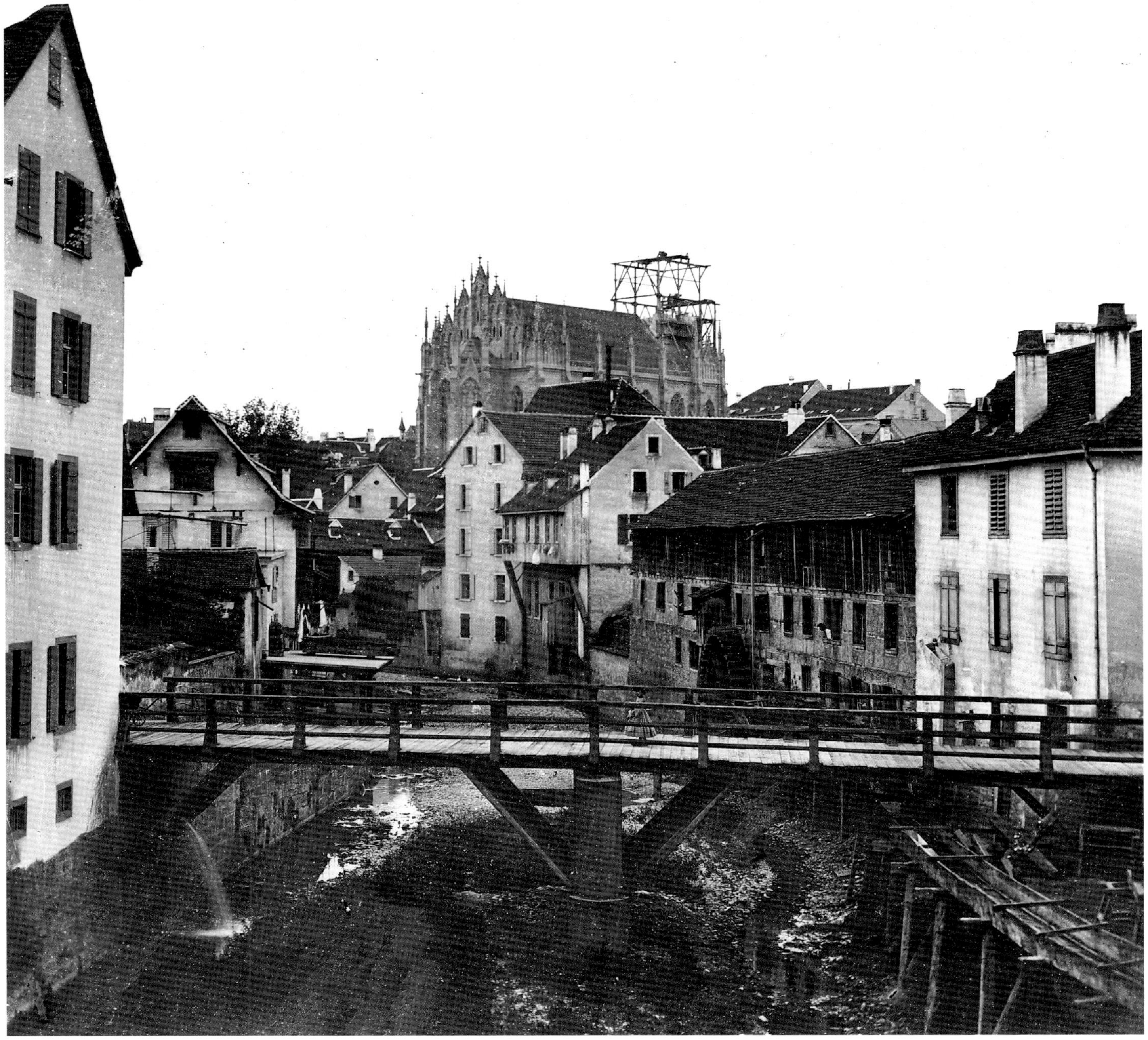

ST. ELISABETHENKAPELLE, UM 1861
Jakob Höflinger

12

ARBEITSHÜTTE DER STEINHAUER
BEI DER ELISABETHENKIRCHE, UM 1862
Jakob Höflinger

13

STEINENQUARTIER MIT STEINENTOR, VOR 1865
Jakob Höflinger

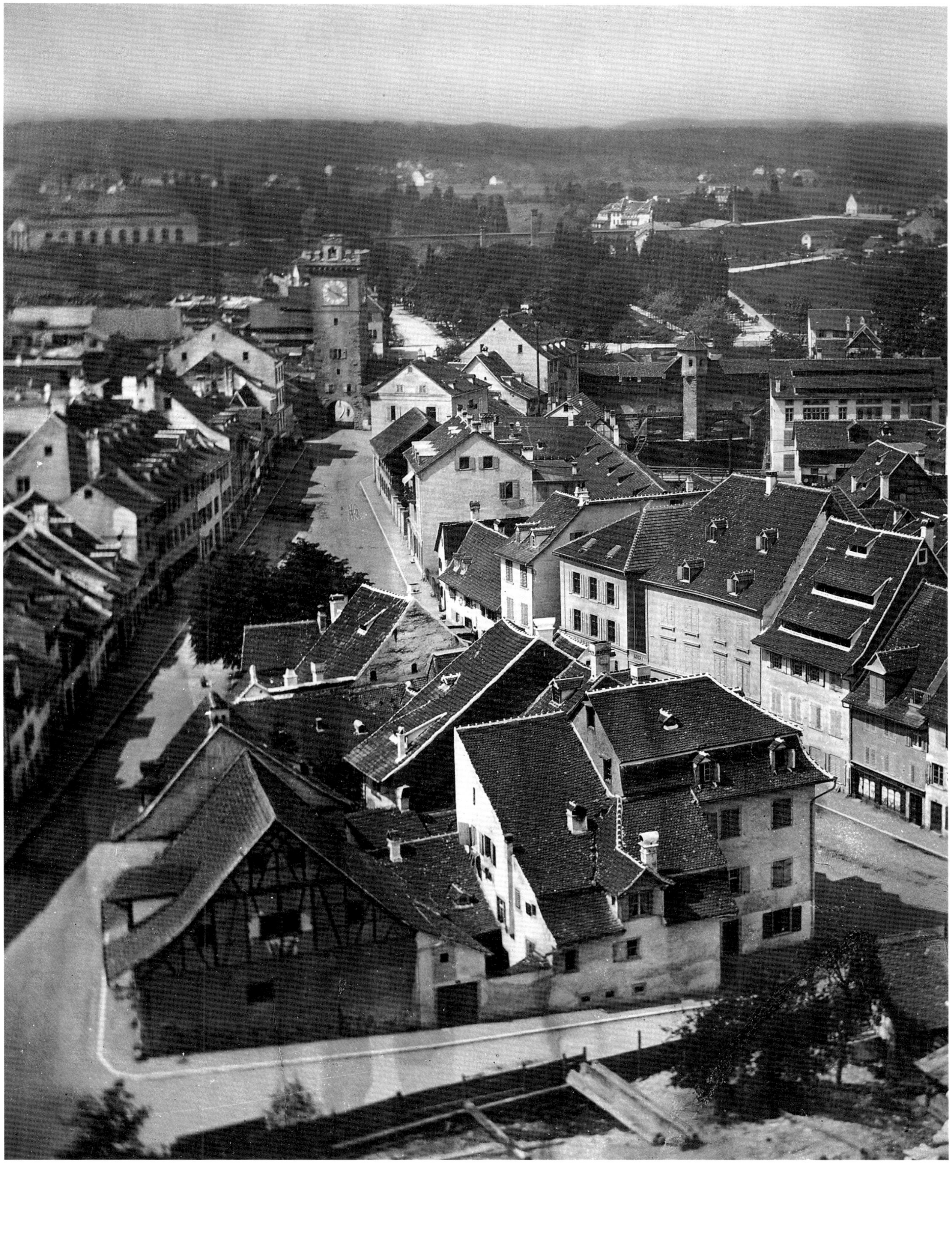

STADTCASINO MIT MUSIKSAAL, VOR 1865
Jakob Höflinger

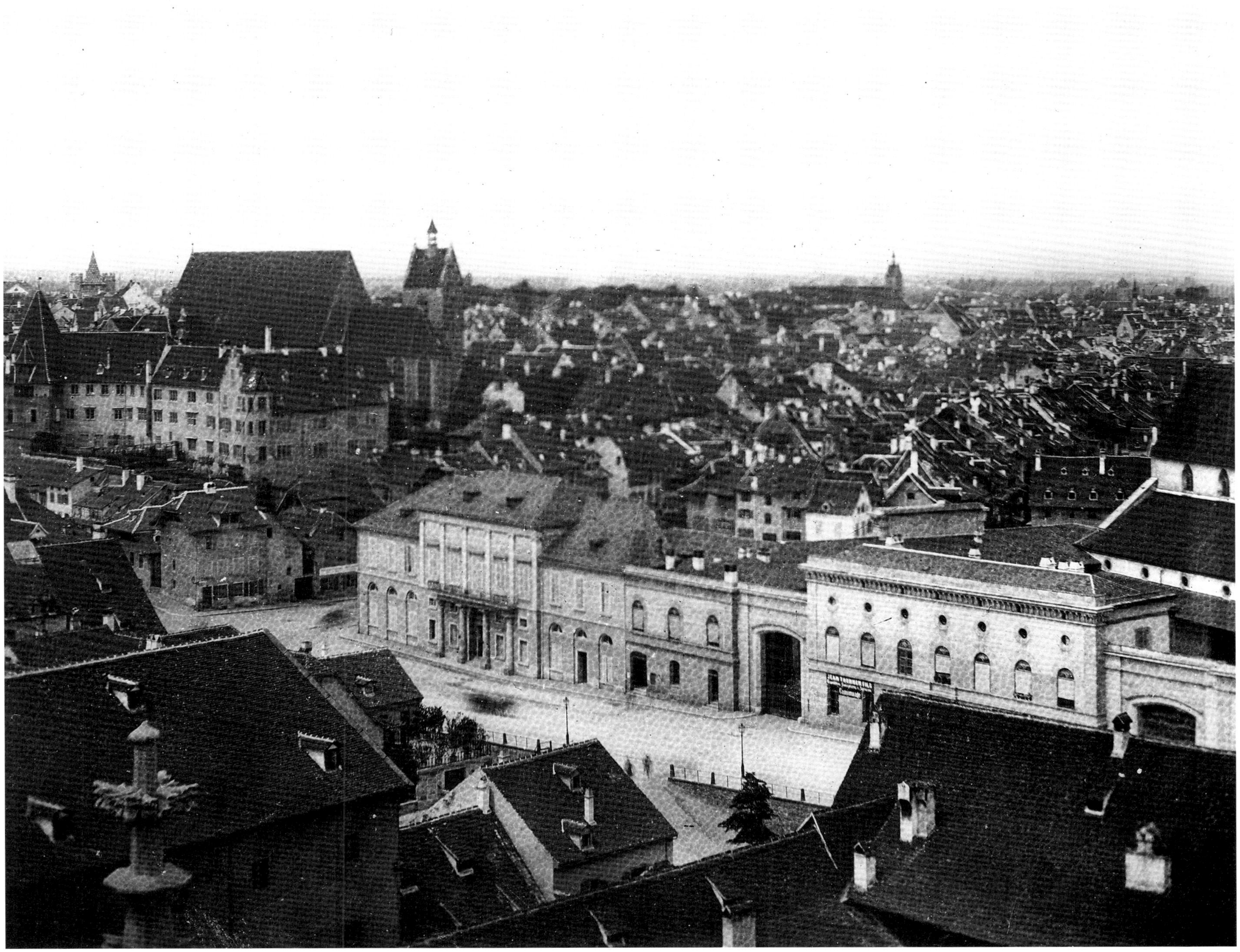

ALTES STADTTHEATER, 1892
August Höflinger

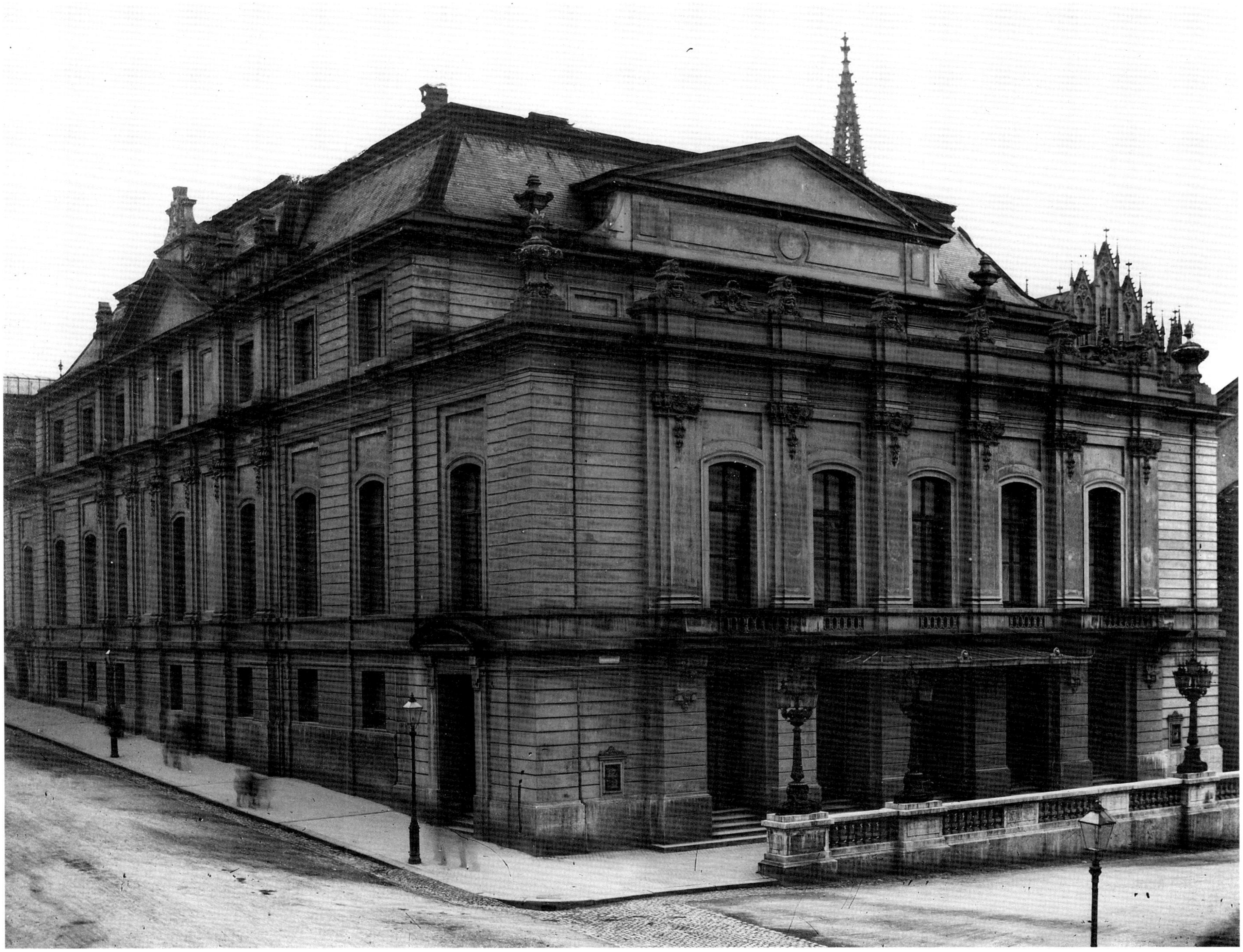

RESTAURANT KUNSTHALLE, 1908
August Höflinger

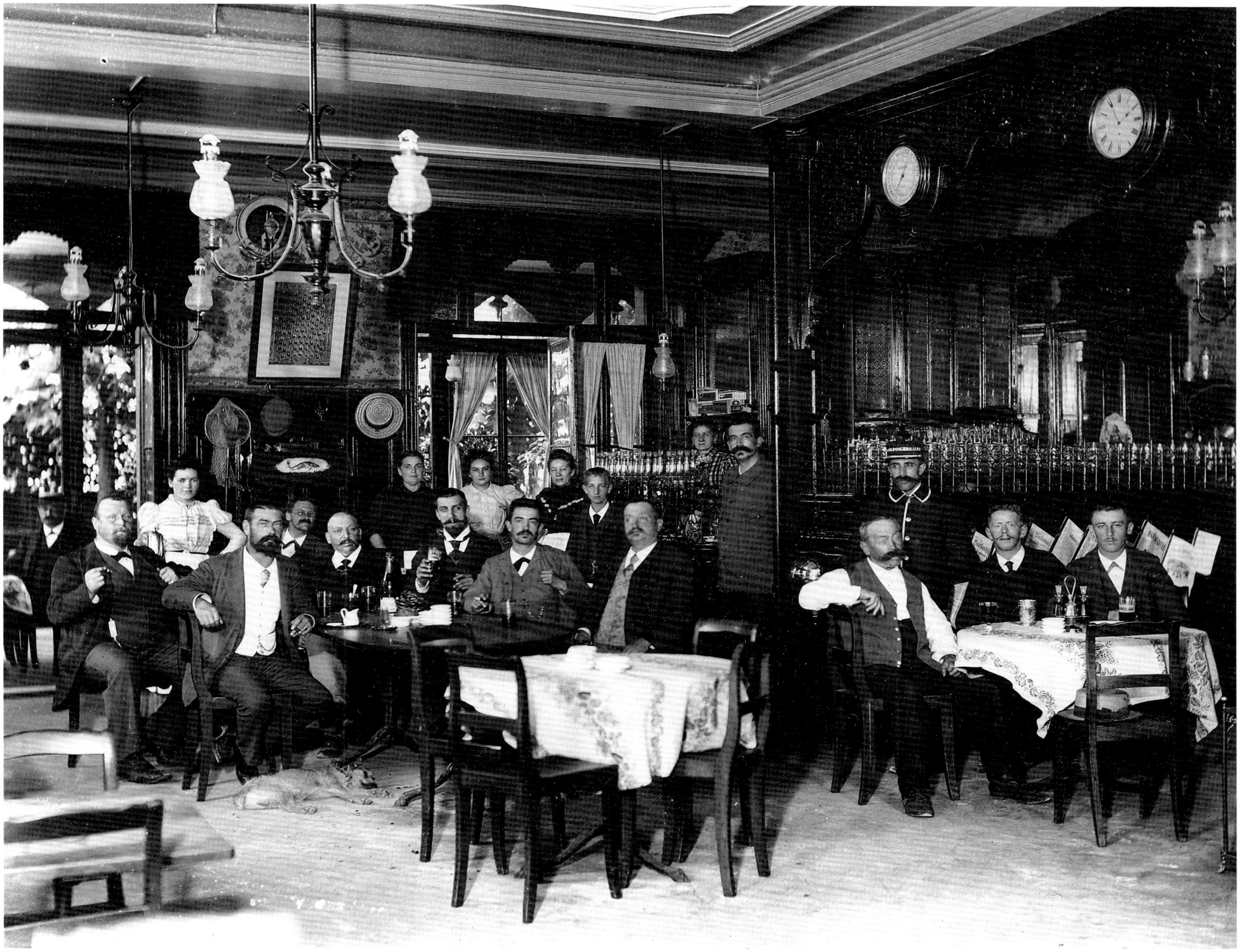

KUNSTHALLE, UM 1908
August Höflinger

18

SAAL DER ÖFFENTLICHEN KUNSTSAMMLUNG
IM MUSEUM AN DER AUGUSTINERGASSE, VOR 1870
Jakob Höflinger

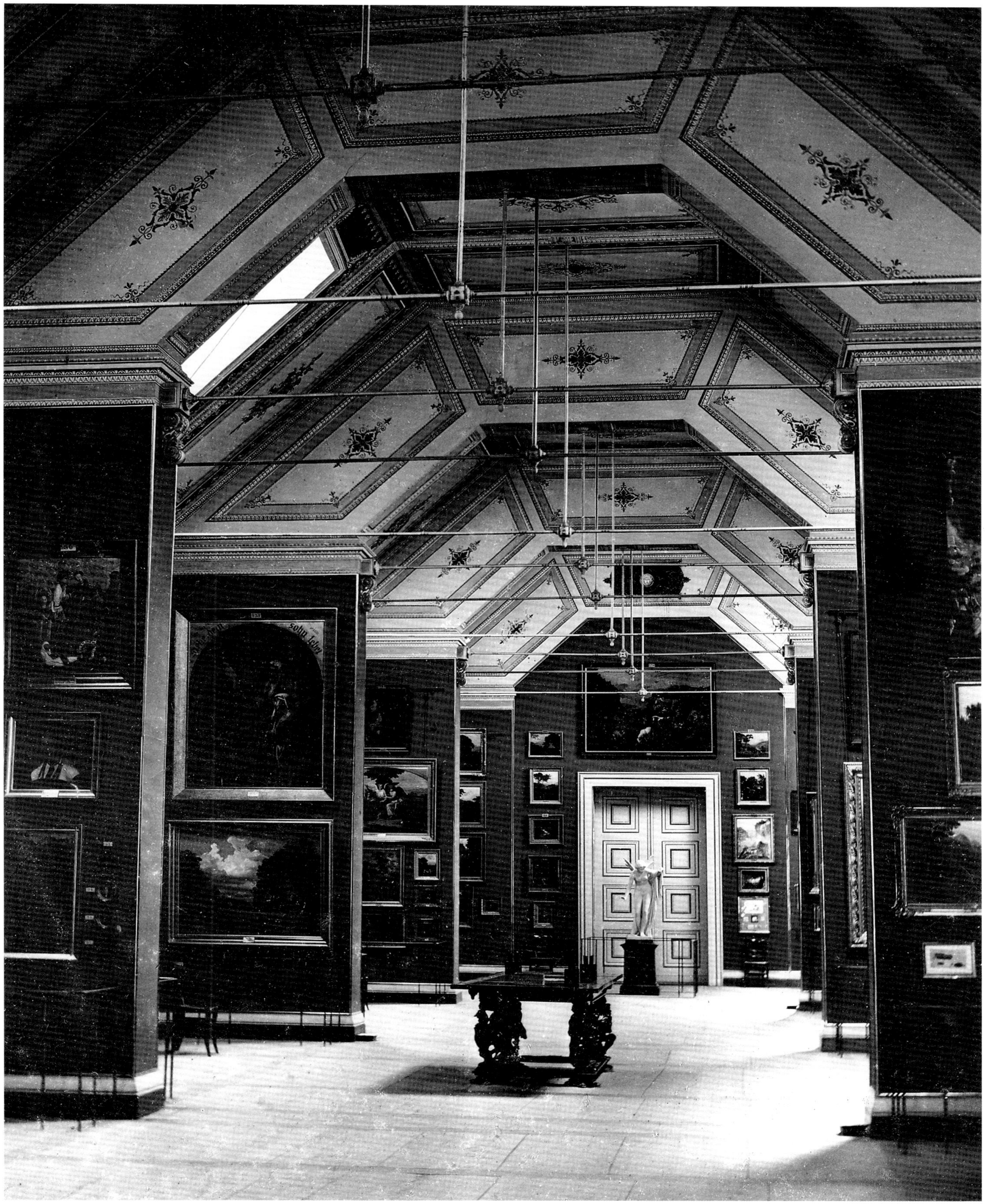

ARNOLD BÖCKLIN, UM 1873
Jakob Höflinger

20

SAMMLUNG DER GIPSABGÜSSE
IM MUSEUM AN DER AUGUSTINERGASSE, UM 1908
August Höflinger

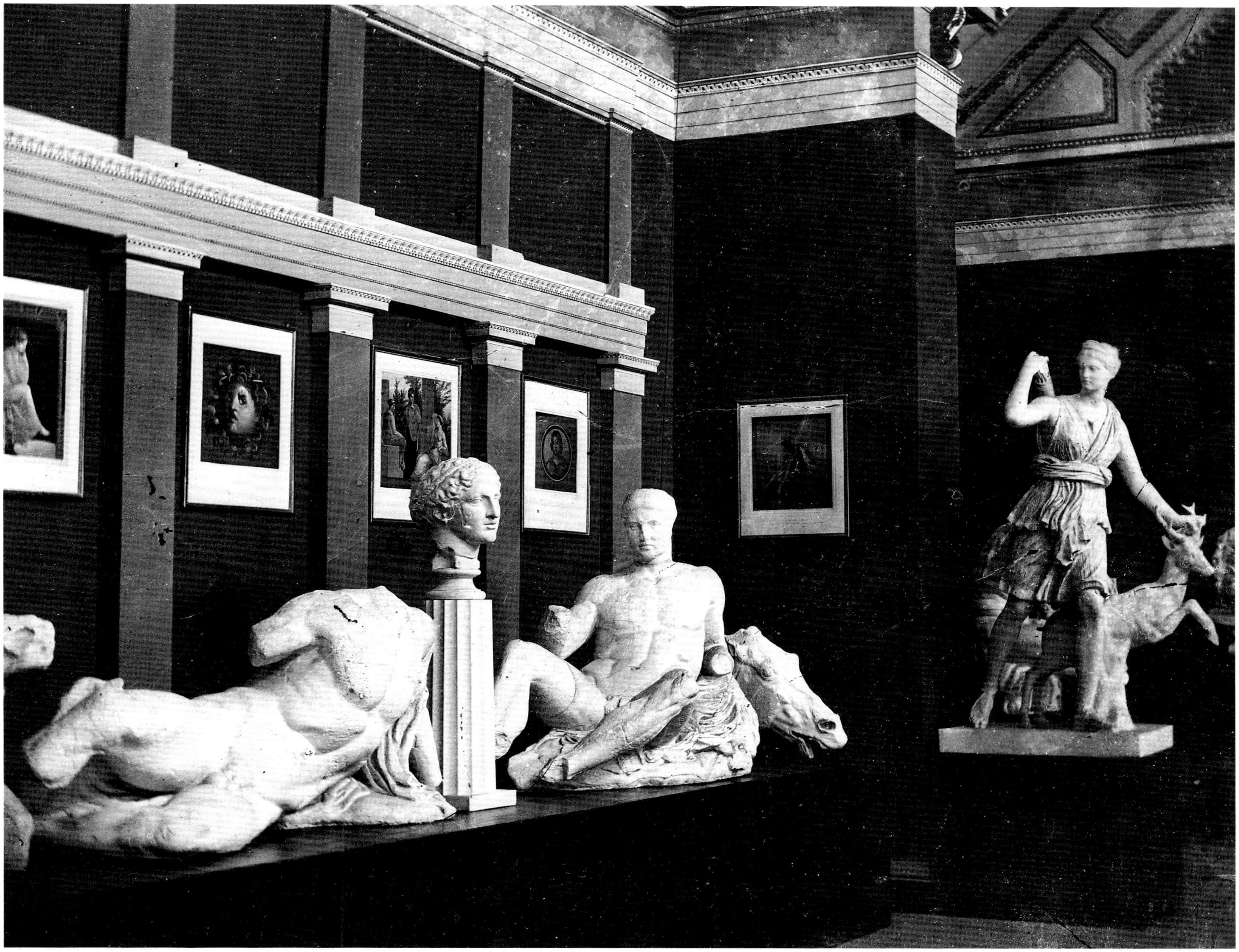

NATURHISTORISCHES MUSEUM AN DER AUGUSTINERGASSE, UM 1908
August Höflinger

22

BARFÜSSERPLATZ MIT «BRAUNEM MUTZ», 1862
Jakob Höflinger

23

BARFÜSSERPLATZ MIT HERBSTMESSE, UM 1902
August Höflinger

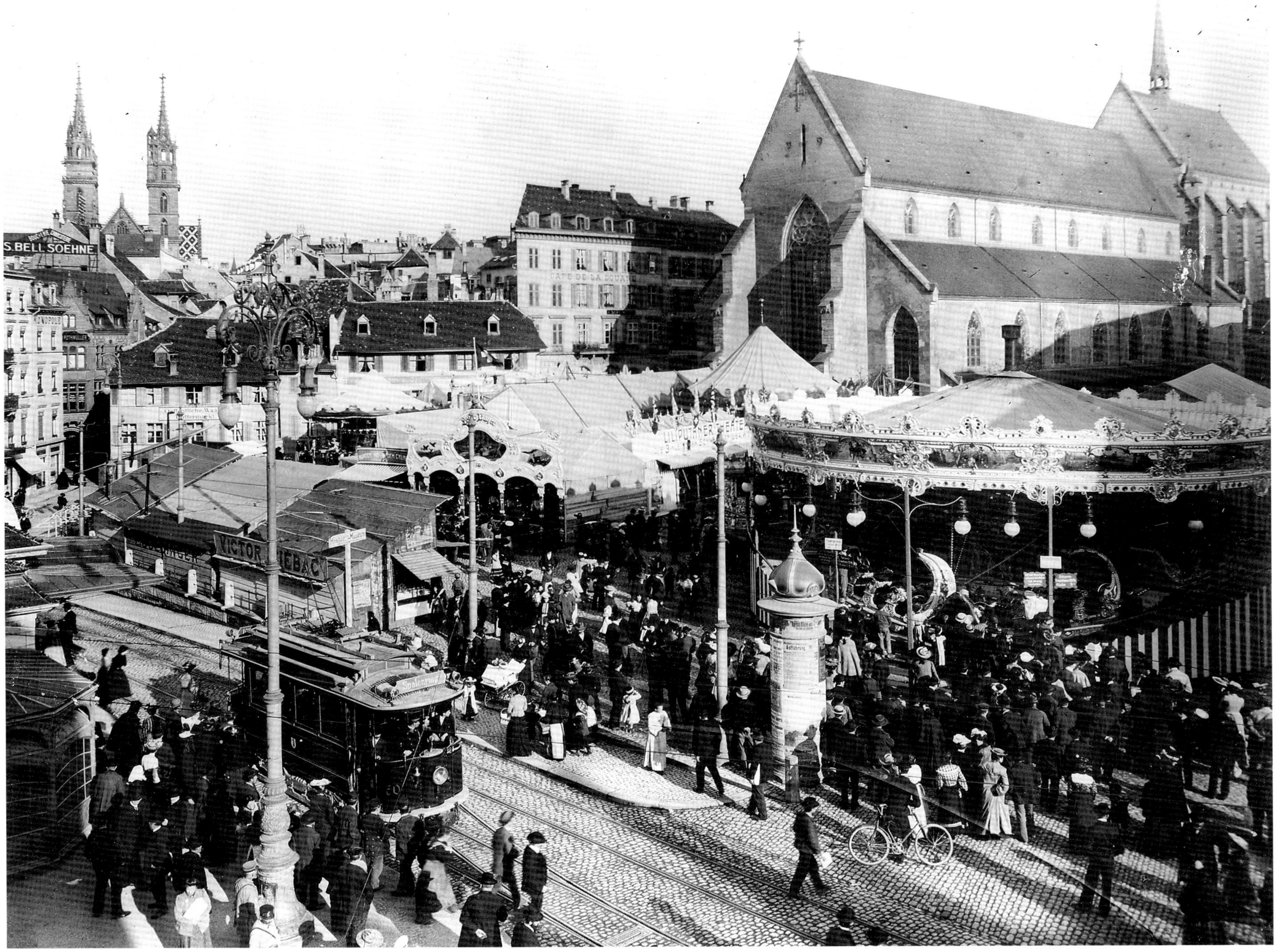
S. BELL SOEHNE
VICTOR

HAUS «ZUM GOLD» AM MARKTPLATZ, SITZ DER NATIONAL-ZEITUNG,
1911
August Höflinger

RM
EI
HTE
NATIONAL-ZEITUNG
ZUM GOLD
National-Zeitung
National-Zeitung

ERSTE ROTATIONSMASCHINE DER NATIONAL-ZEITUNG
AM MARKTPLATZ, 1911
August Höflinger

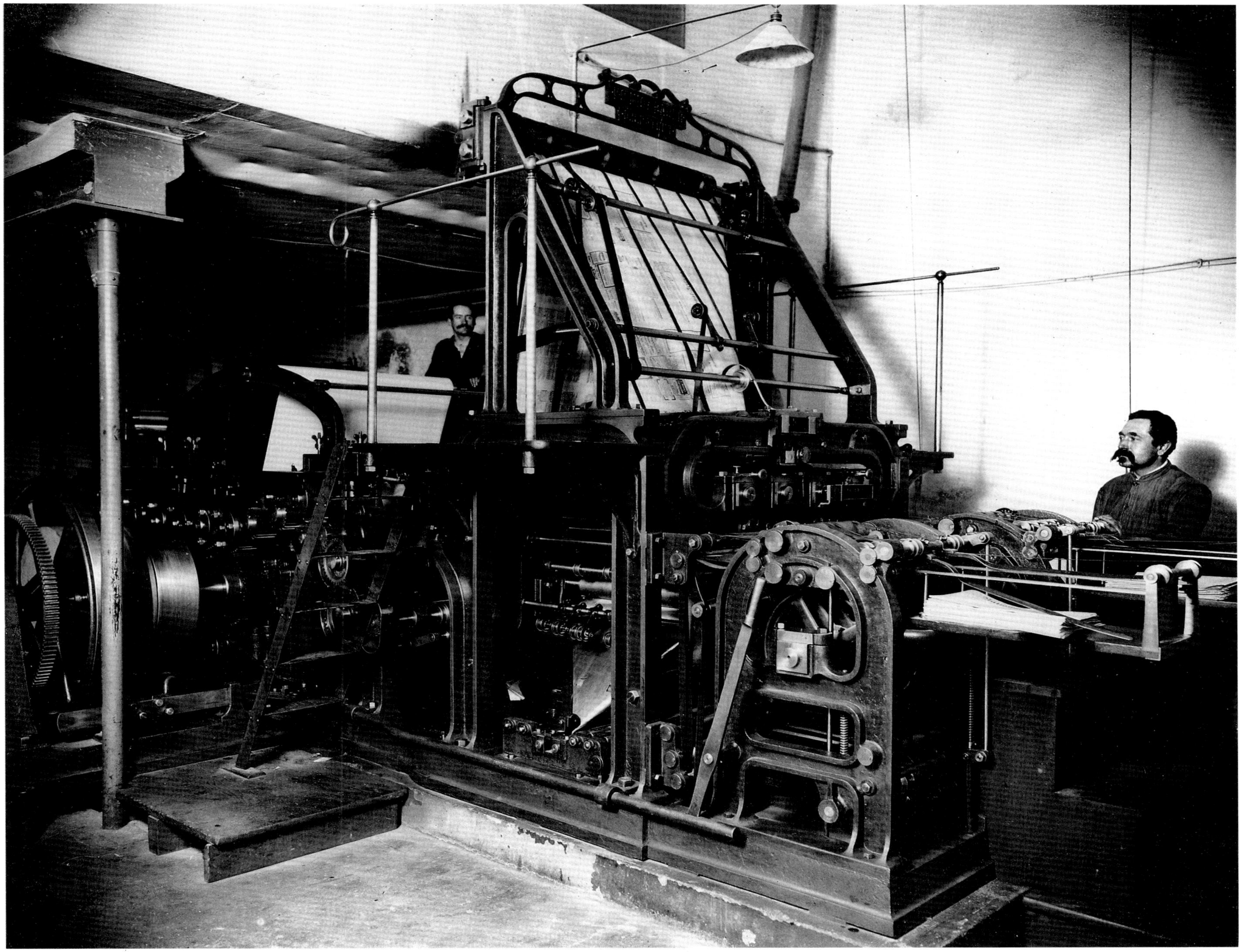

SENFFABRIK VON GUSTAV RENSCH, UM 1900
August Höflinger

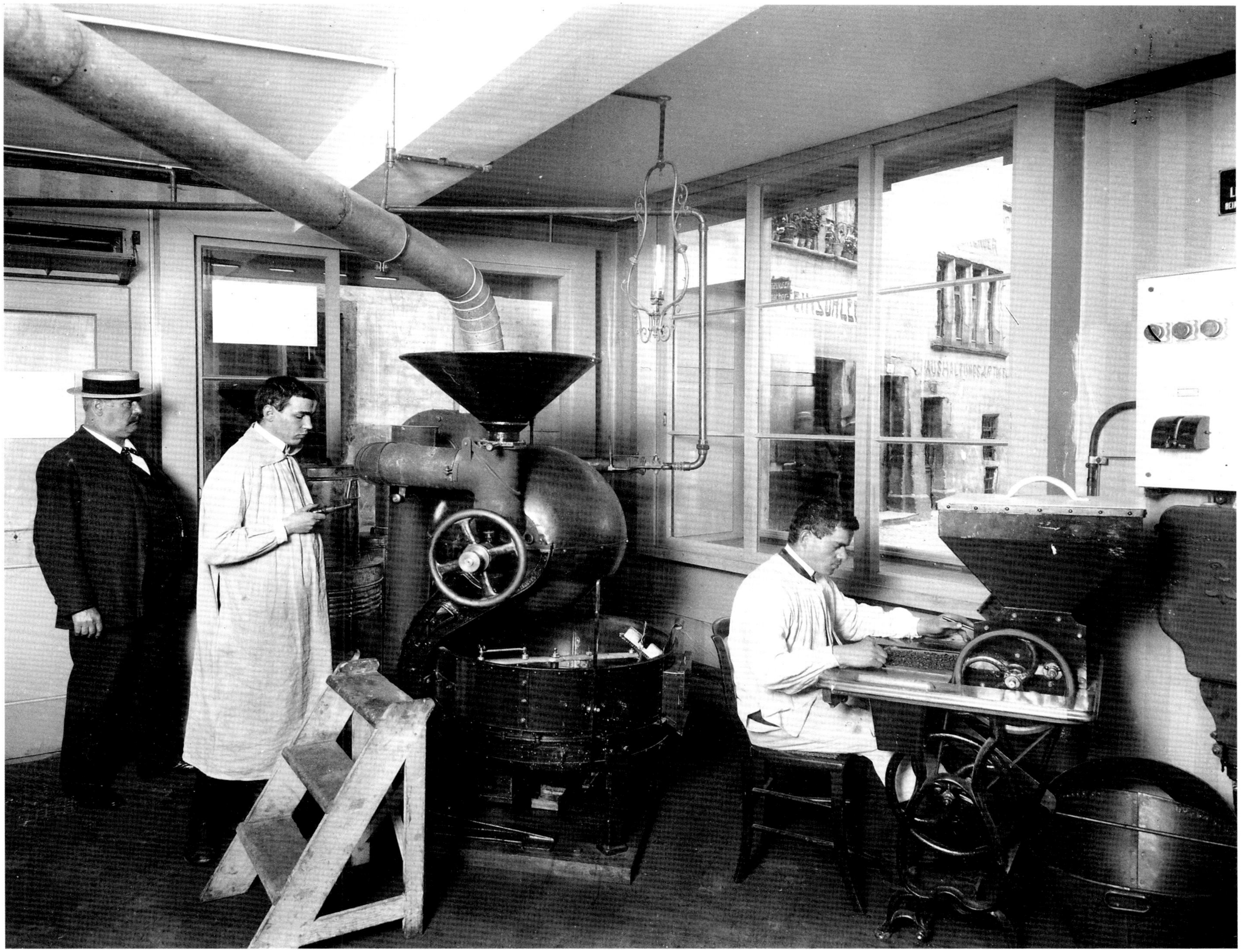

VOM MARKTPLATZ RICHTUNG MARKTGASSE UND EISENGASSE, 1896
August Höflinger

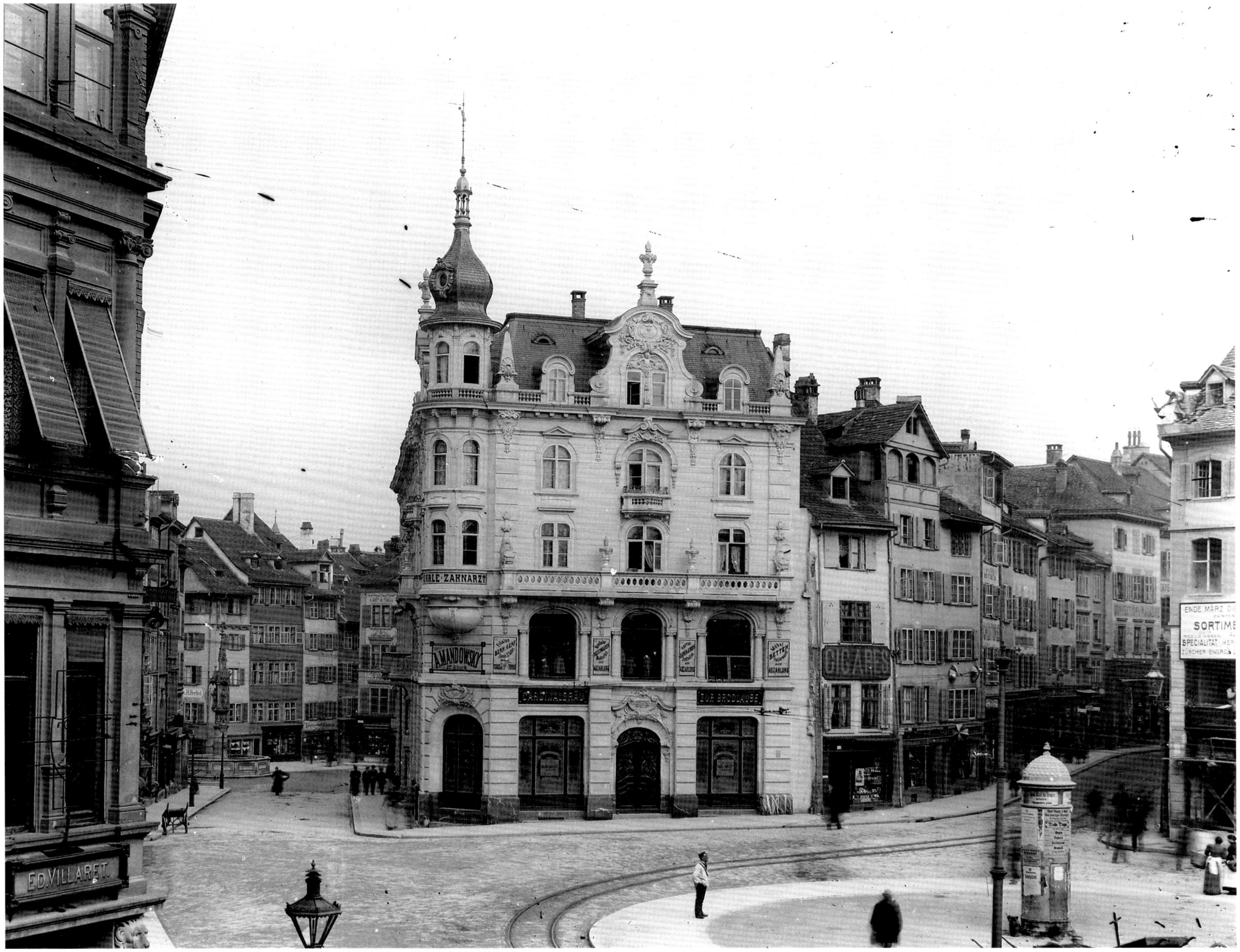

FISCHMARKT, UM 1899
August Höflinger

PHARMACIE
ALLOOPATHIE HOMÖOPATHIE
CHR. SINGER'S
NEUHEITEN in PATENT-ARTIKELN
RESTAURANT
Caffe Bismarck
SCHWESTERN URECH

BLUMENGASSE BEI DER SCHIFFLÄNDE, UM 1900
August Höflinger

ANTIQUITÉS
ALB. SATTLER
COIFFEUR
PARFUMEUR
A. Labhart Coiffeur
CIGARREN & TABACK
F. GERSBACH
ALB SATTLER
MONNAIES & MEDAILLES
ANTIQUITES
On parle français
English spoken
COIFFEUR
COIFFEUR

«ZOFINGIA» AUF JUSTITIA I UND KNIPSCHER IX, 25. JUNI 1904
August Höflinger

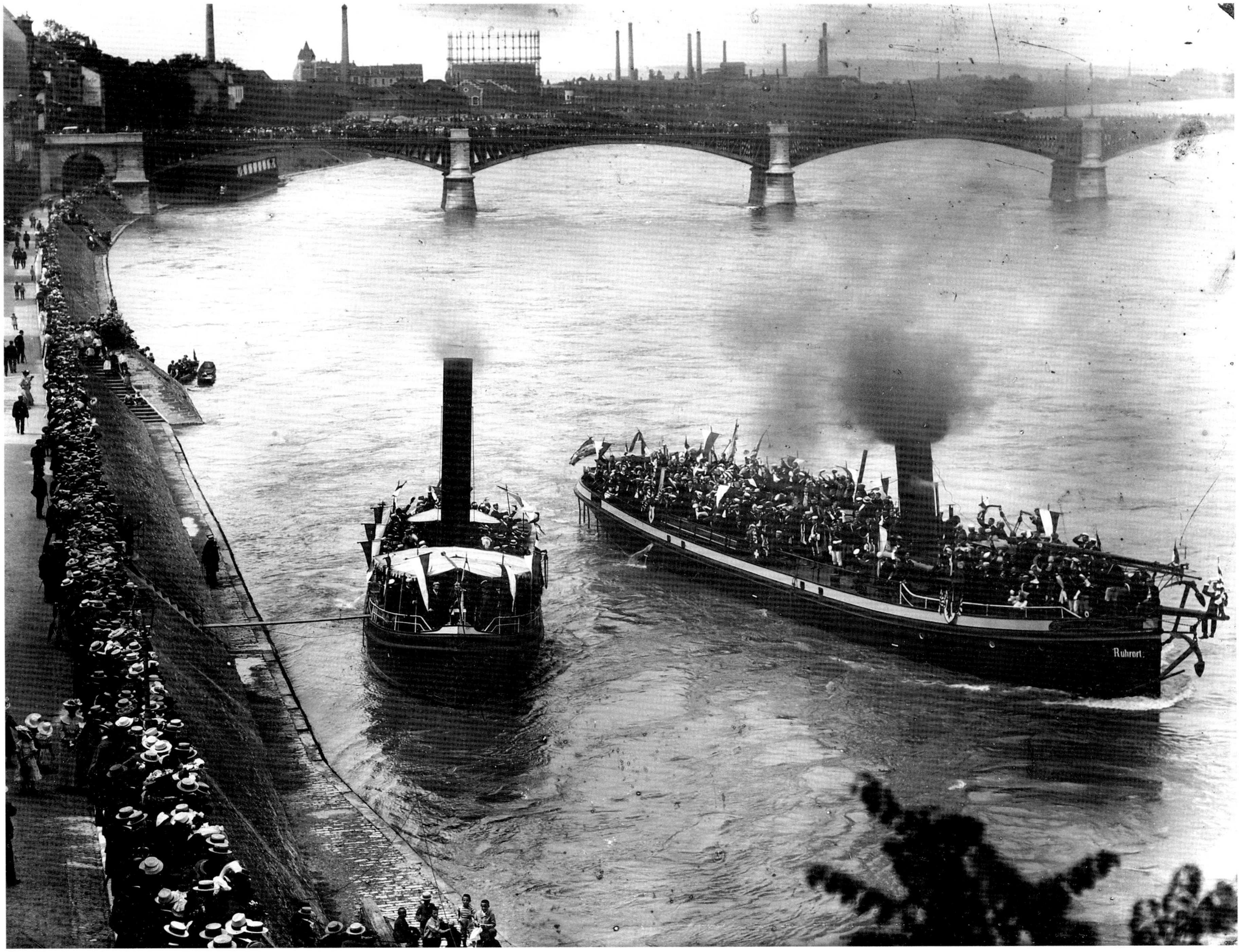
Ruhrort

ANKUNFT DES ERSTEN SEITENRADSCHLEPPERS
IM MITTLEREN KLEINBASEL, 1906
August Höflinger

Trinket Preiswerk's
Röst-Kaffee.
EISFABRIK.
GASSER & Cie
Buch- & Kunstdruckerei
KLAUS
Chocolats Fins
BÜRSTENFABRIK
Cailler
CHOCOLAT
SUCHARD

RHEINUFER IM MITTLEREN KLEINBASEL BEI HOCHWASSER, 1876
Jakob Höflinger

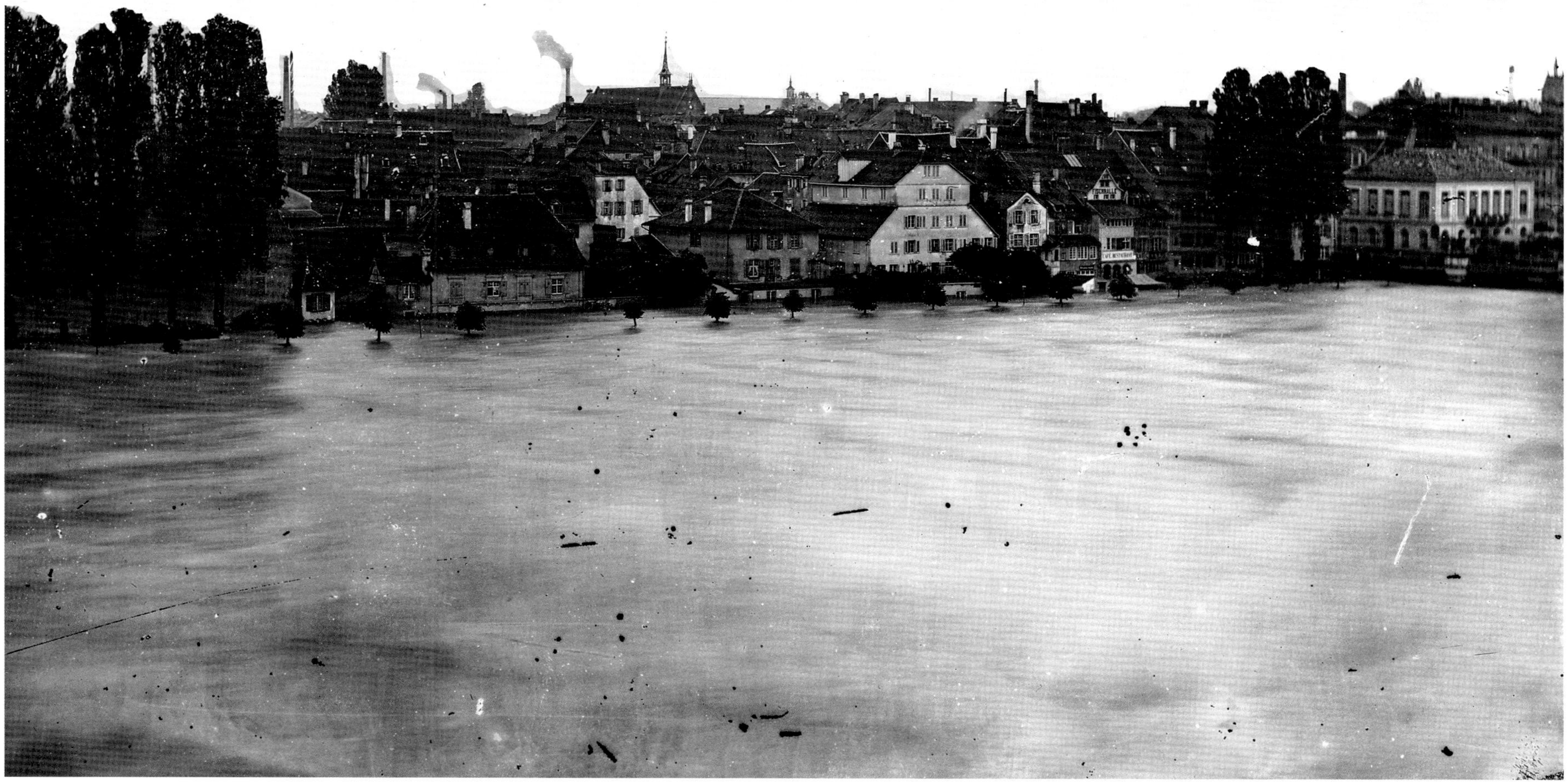

MITTLERE RHEINBRÜCKE BEI HOCHWASSER, 1876
Jakob Höflinger

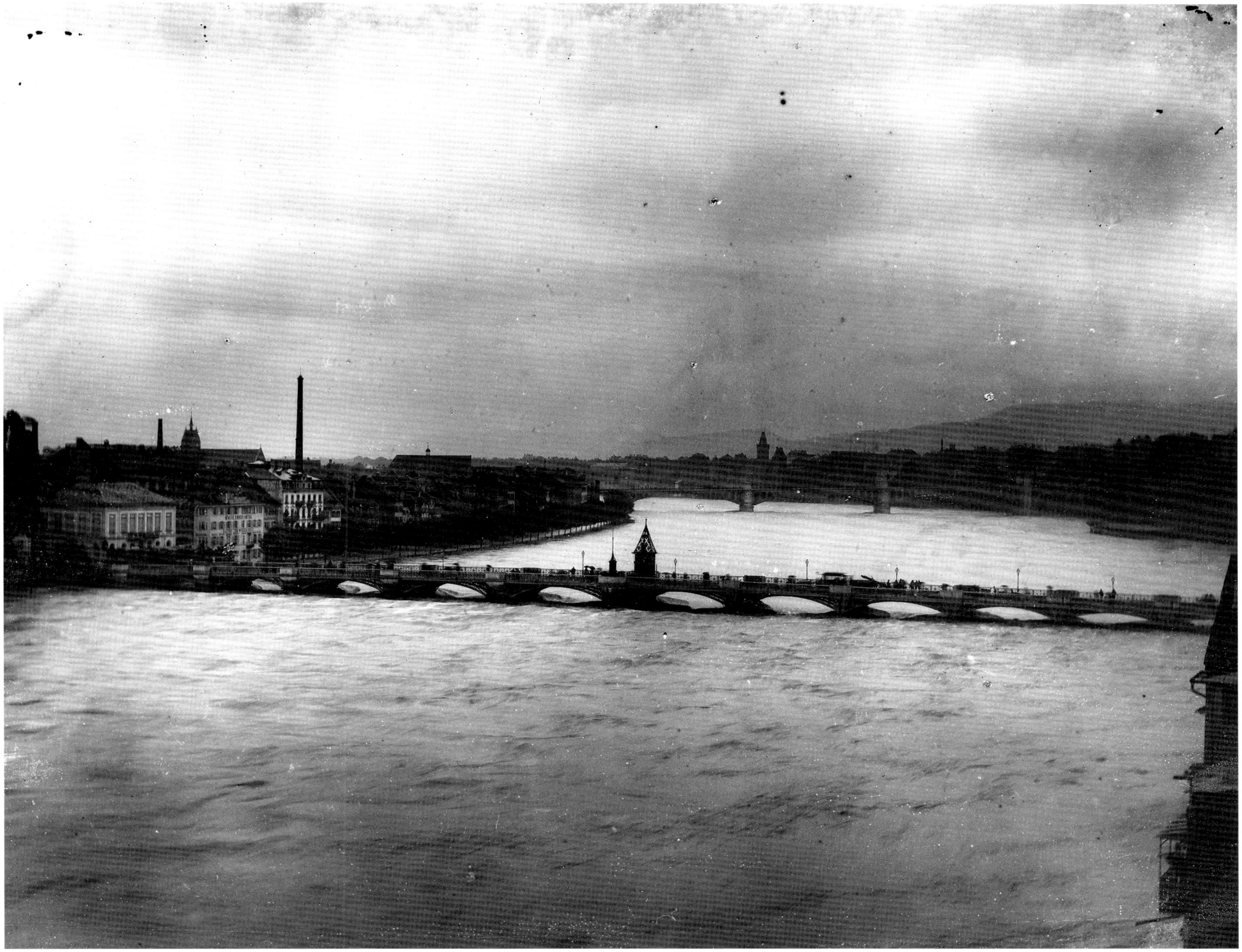

34

MITTLERE RHEINBRÜCKE, UM 1890
August Höflinger

HUBER'SCHE
APOTHEKE
PHARMACIE.
APOTHEKE.
CHEMIST.
SEIDENWAAREN
H. WALDER
HOTEL DE

OBERER RHEINWEG MIT MITTLERER RHEINBRÜCKE, 1875
Jakob Höflinger

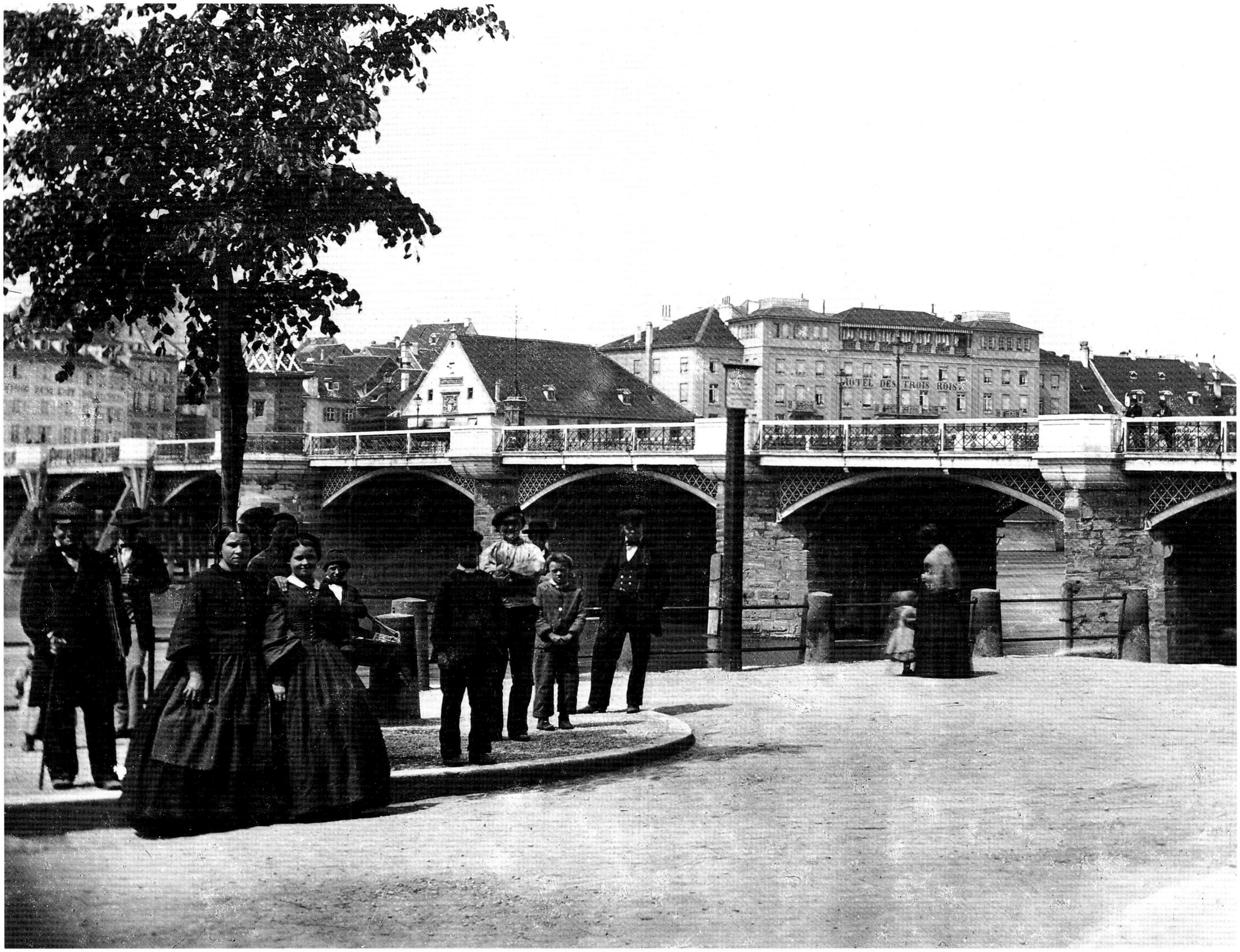
HOTEL DES TROIS ROIS

HOTEL DE LA CROIX BLANCHE, OBERER RHEINWEG, UM 1892
August Höflinger

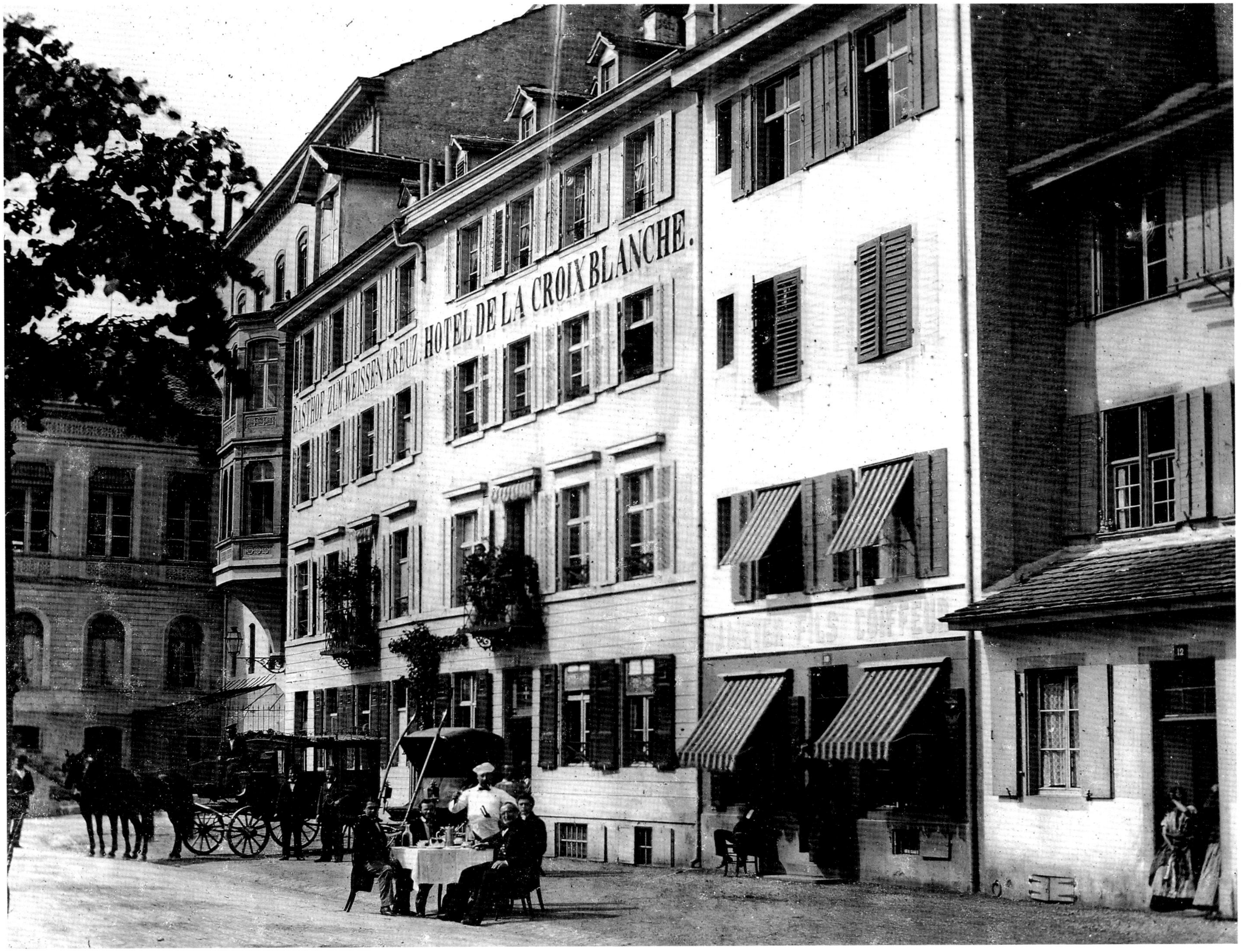
GASTHOF ZUM WEISSEN KREUZ.
HOTEL DE LA CROIX BLANCHE.

KARTAUSE UND ST. THEODOR, UM 1869
Jakob Höflinger

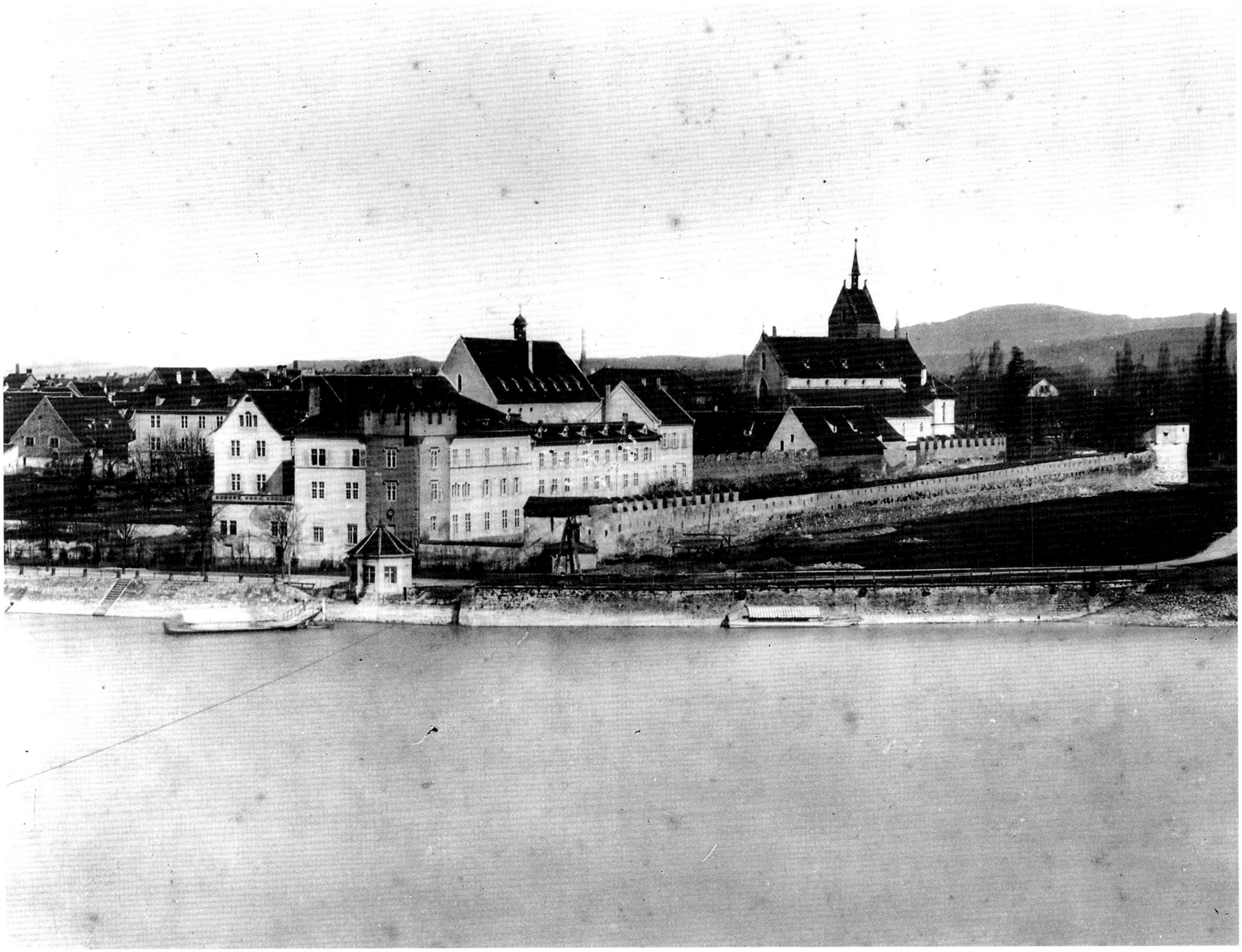

ERSTER KINDERGARTEN AN DER UTENGASSE, UM 1870
Jakob Höflinger

39

BADISCHER BAHNHOF AM RIEHENRING, UM 1874
Jakob Höflinger

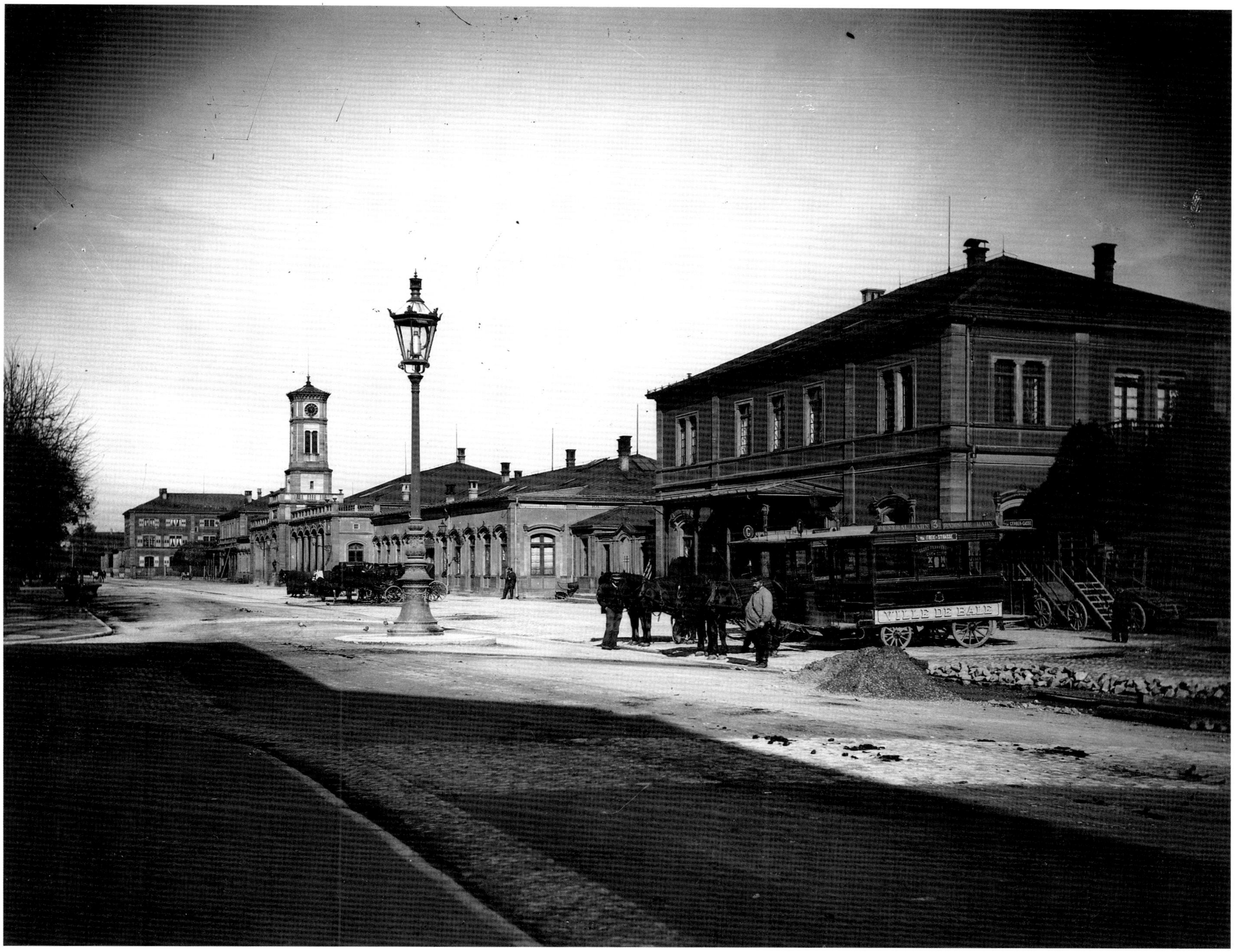
VILLE DE BALE

ECKE SPALENBERG / MÜNZGASSE, UM 1900
August Höflinger

ARTIKEL
PRÜFEN SIE DIE SCHAUFENSTER
Fabrikation
hygienisch
diätetischer
Spezialitäten
Versandt
überallhin
arastr. 13
En Gros
Schuhwarenhaus
En Detail
PAUL SCHWOB
19 Hutgasse 19
H. MOSER
Graviranstalt
Kautschukstempelfabrik
OB. SPALENBERG
29
Telephon
Münzgässlein
OEFFENTLICHES VERKEHRSBUREAU
OKITO
Ackermann
Schreibmaschine
UMMIWAREN
RBANDSTOFFE
TÄTS GESCHÄFT
Moebel & Tapezi
Wwe Elser
Betten
Möbel
Colonialwaren
Preiswerk Söhne

ECKE PETERSGRABEN / ROSSHOFGASSE, UM 1909
August Höflinger

42

PETERSKIRCHE MIT PETERSBRUNNEN, UM 1876
Jakob Höflinger

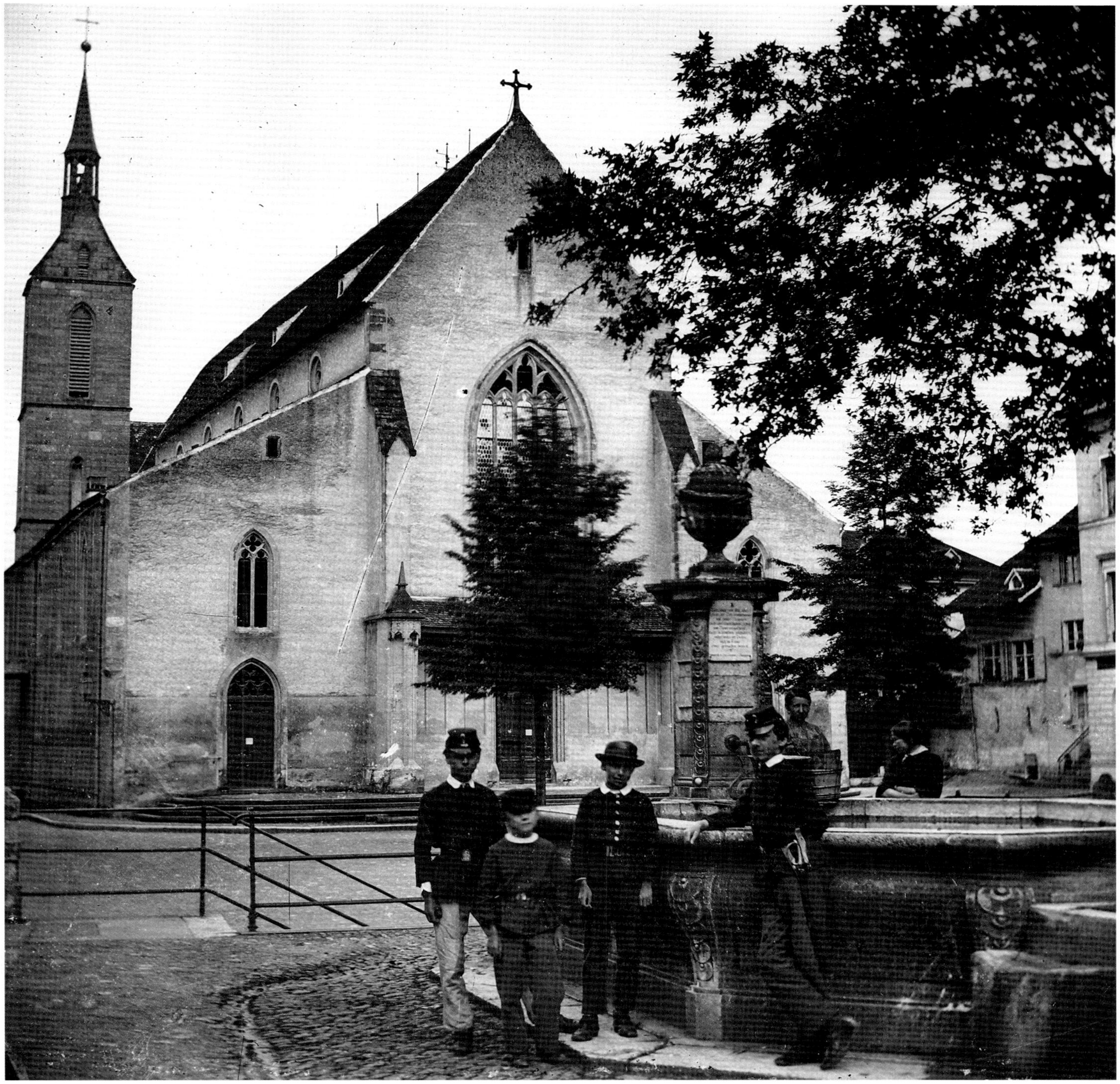

SPALENVORSTADT, 1861
Jakob Höflinger

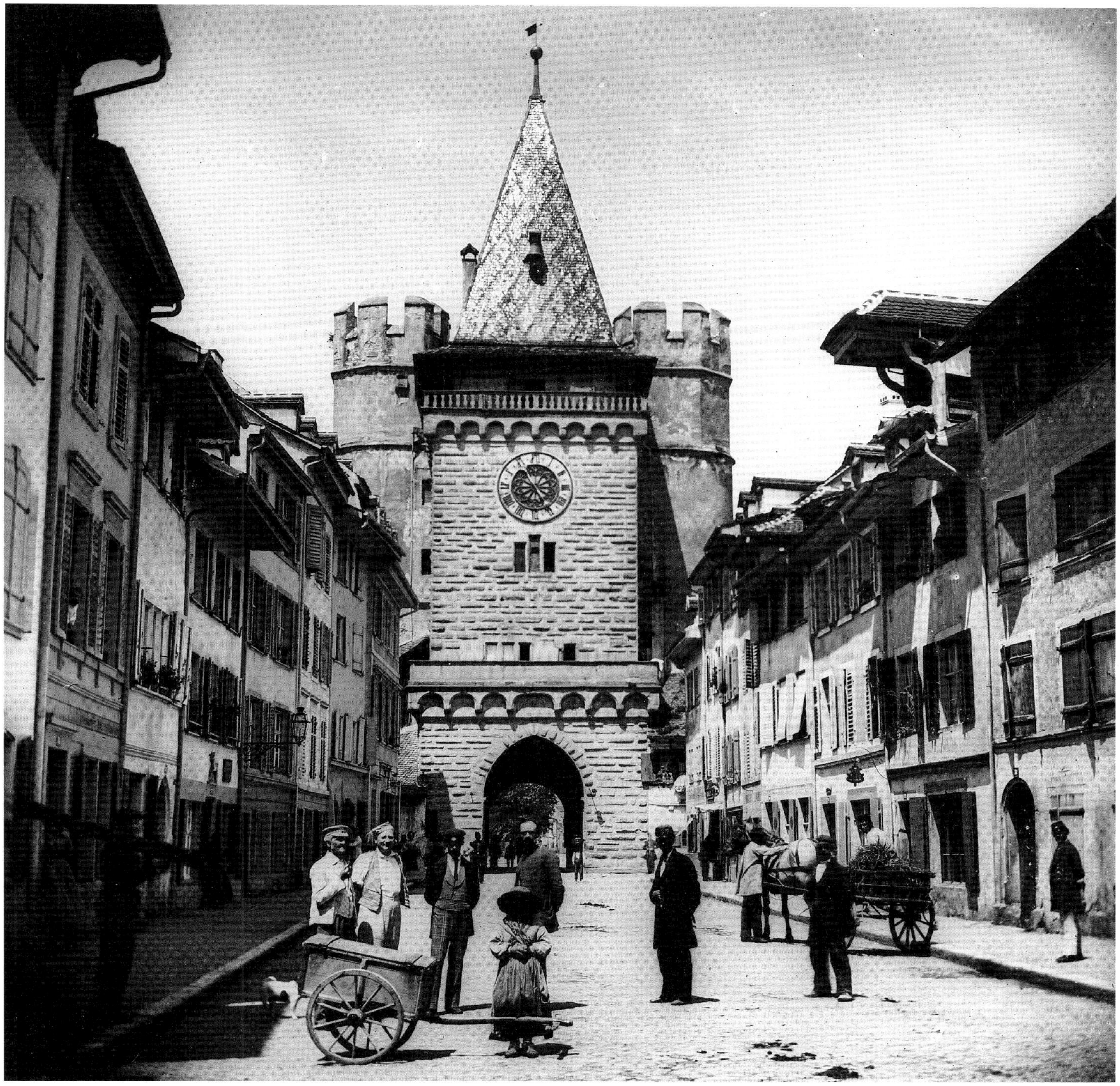

44

GARTEN DES MISSIONSHAUSES, UM 1895
August Höflinger

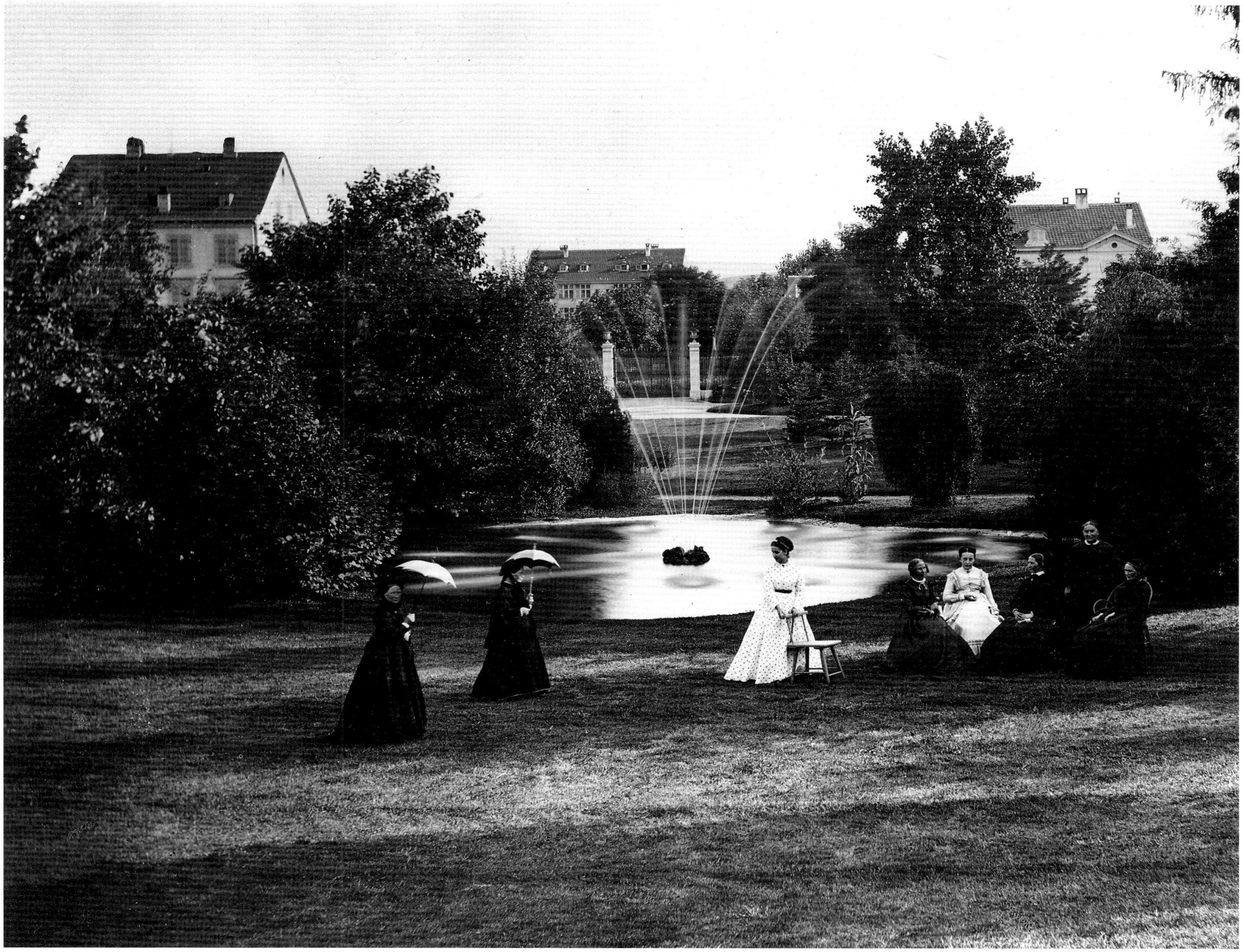

BURGFELDERPLATZ, UM 1908
August Höflinger

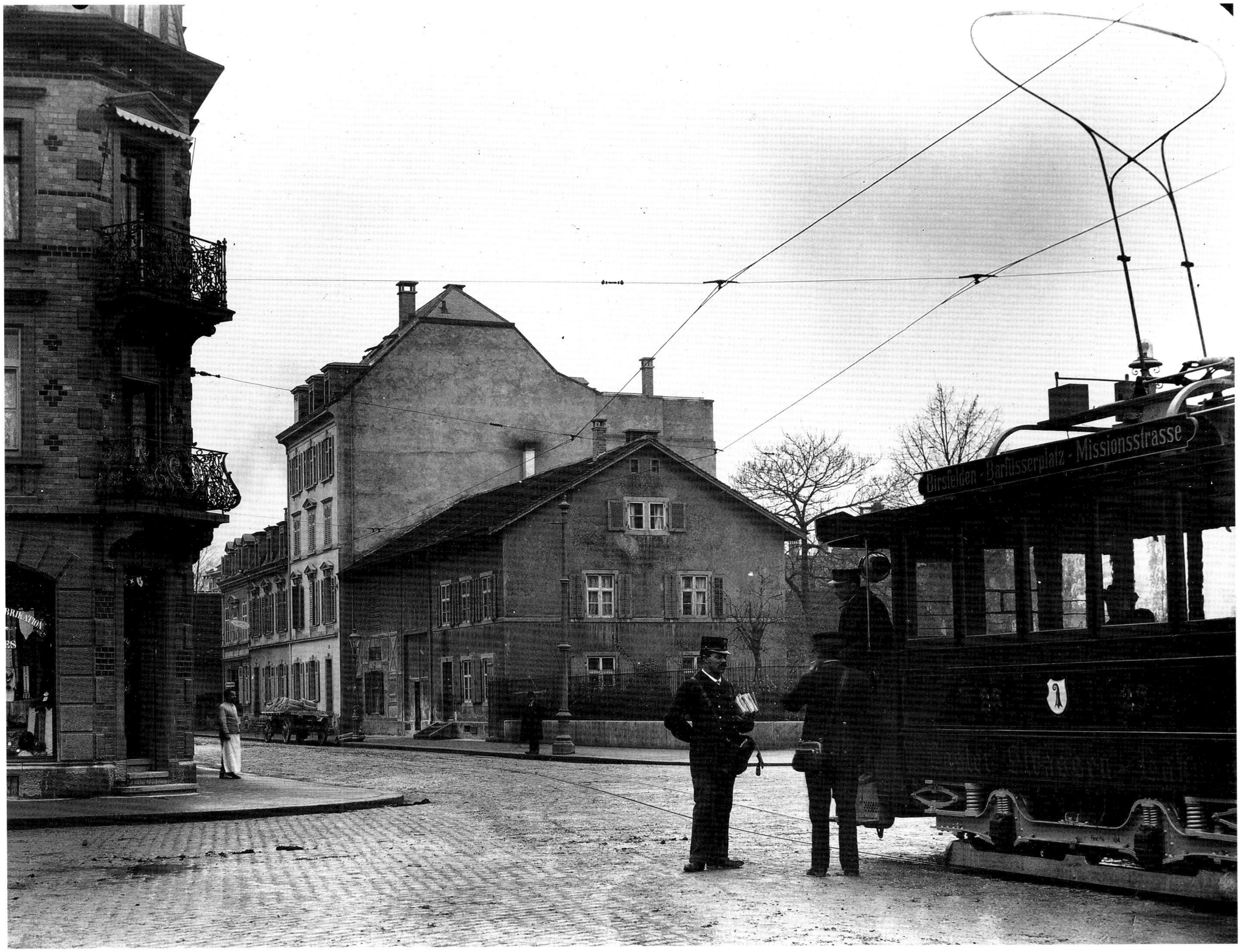
Birsfelden - Barfüsserplatz - Missionsstrasse

ENTGLEISUNGSUNFALL BEIM ST. JOHANN-BAHNHOF, 11. JUNI 1911
August Höflinger

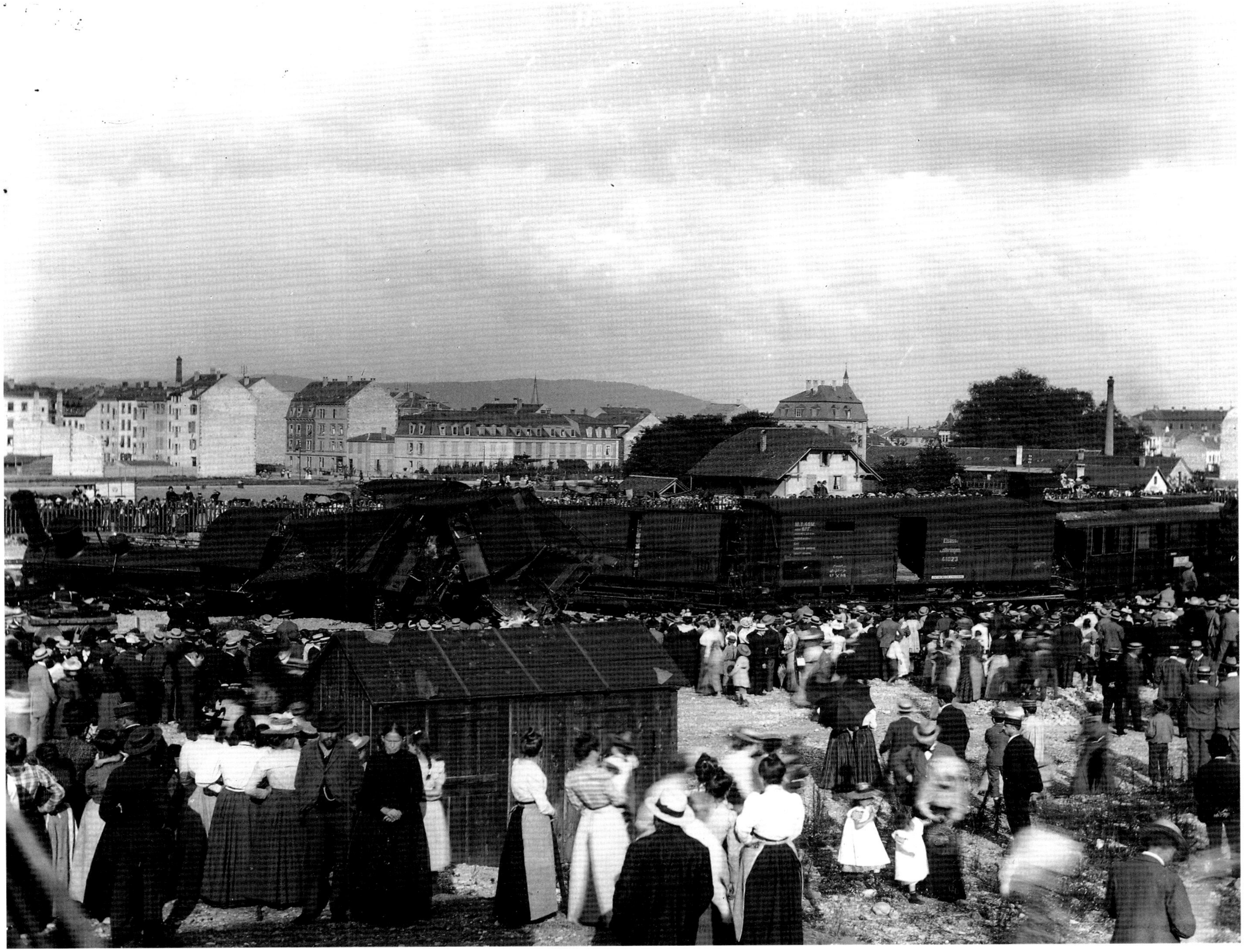

ERRICHTUNG DER GEBÄUDE
FÜR DIE GEWERBEAUSSTELLUNG (15.5.1901), 1899
August Höflinger

48

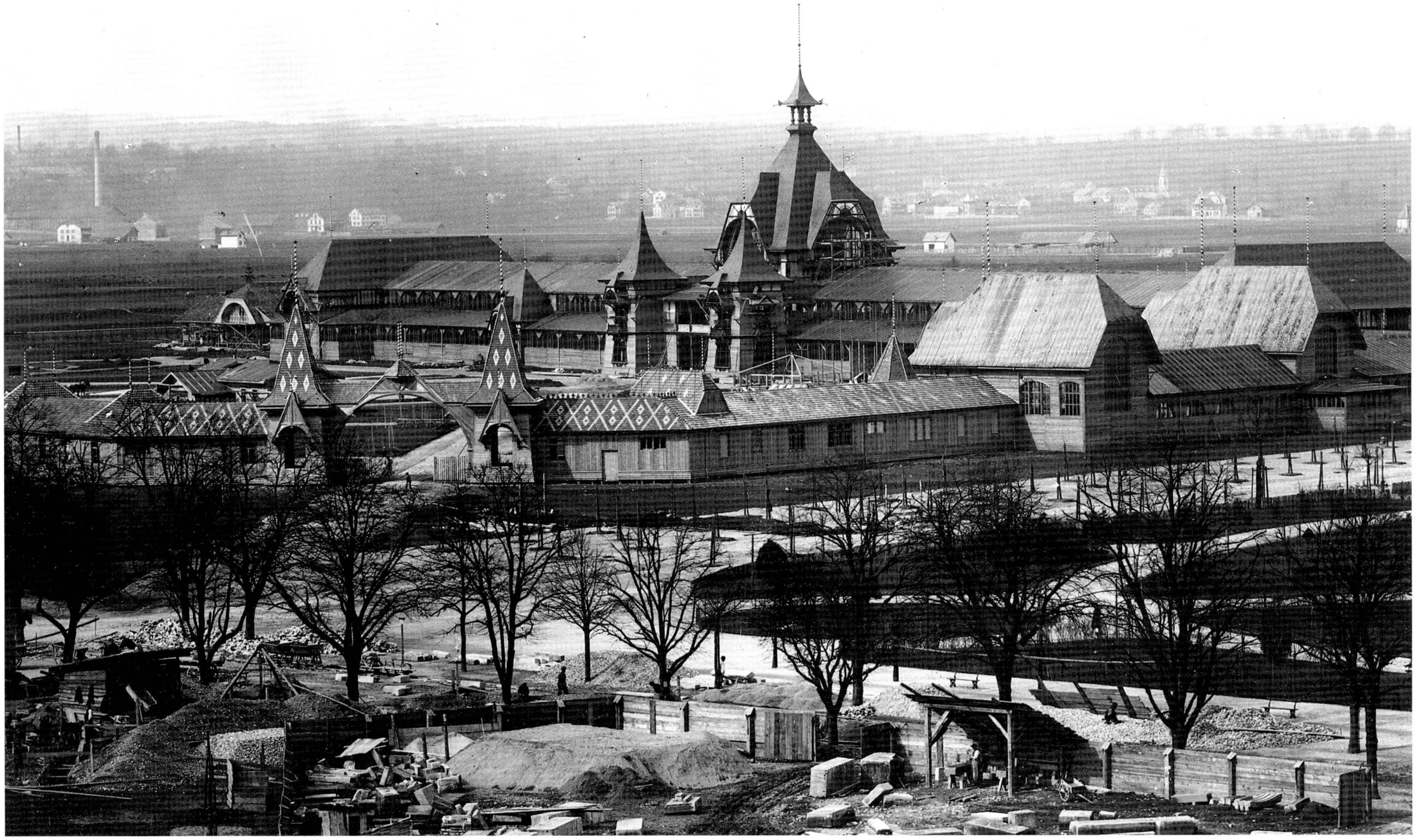

ECKE STEINENTORBERG / INNERE MARGARETHENSTRASSE,
SPÄTER «OPERA-HAUS», UM 1905
August Höflinger

MILKA
REINE SCHWEIZERMILCH, CACAO & ZUCKER
SUCHARD
VELMA
FONDANT, LEICHT SCHMELZEND
MISE

STRAFANSTALT AUF DEM SCHÄLLEMÄTTELI, 1865
Im Vordergrund ist die fahrende Dunkelkammer des Photographen ersichtlich
Jakob Höflinger

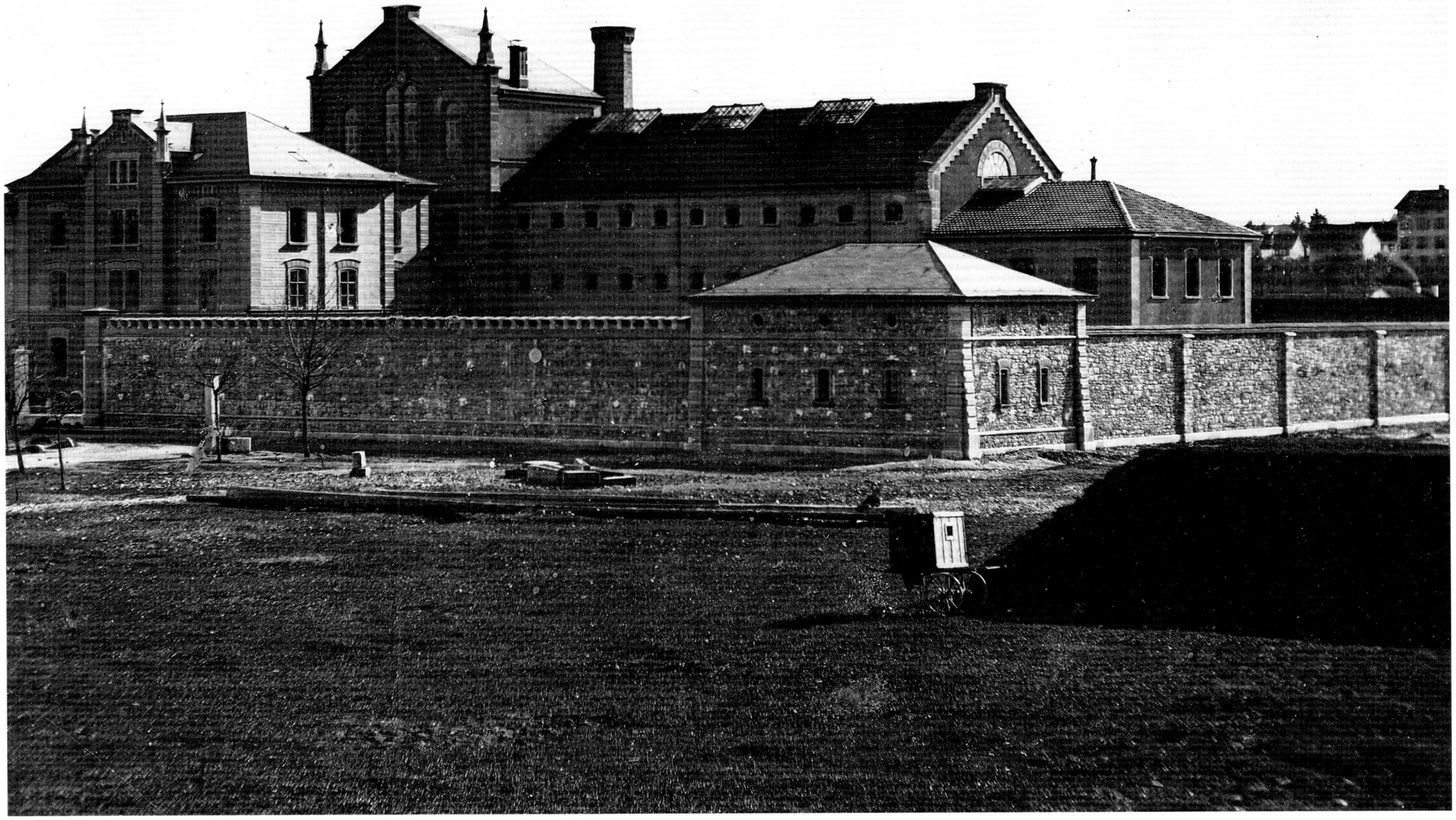

ST. ALBAN-TOR, 1863
Jakob Höflinger

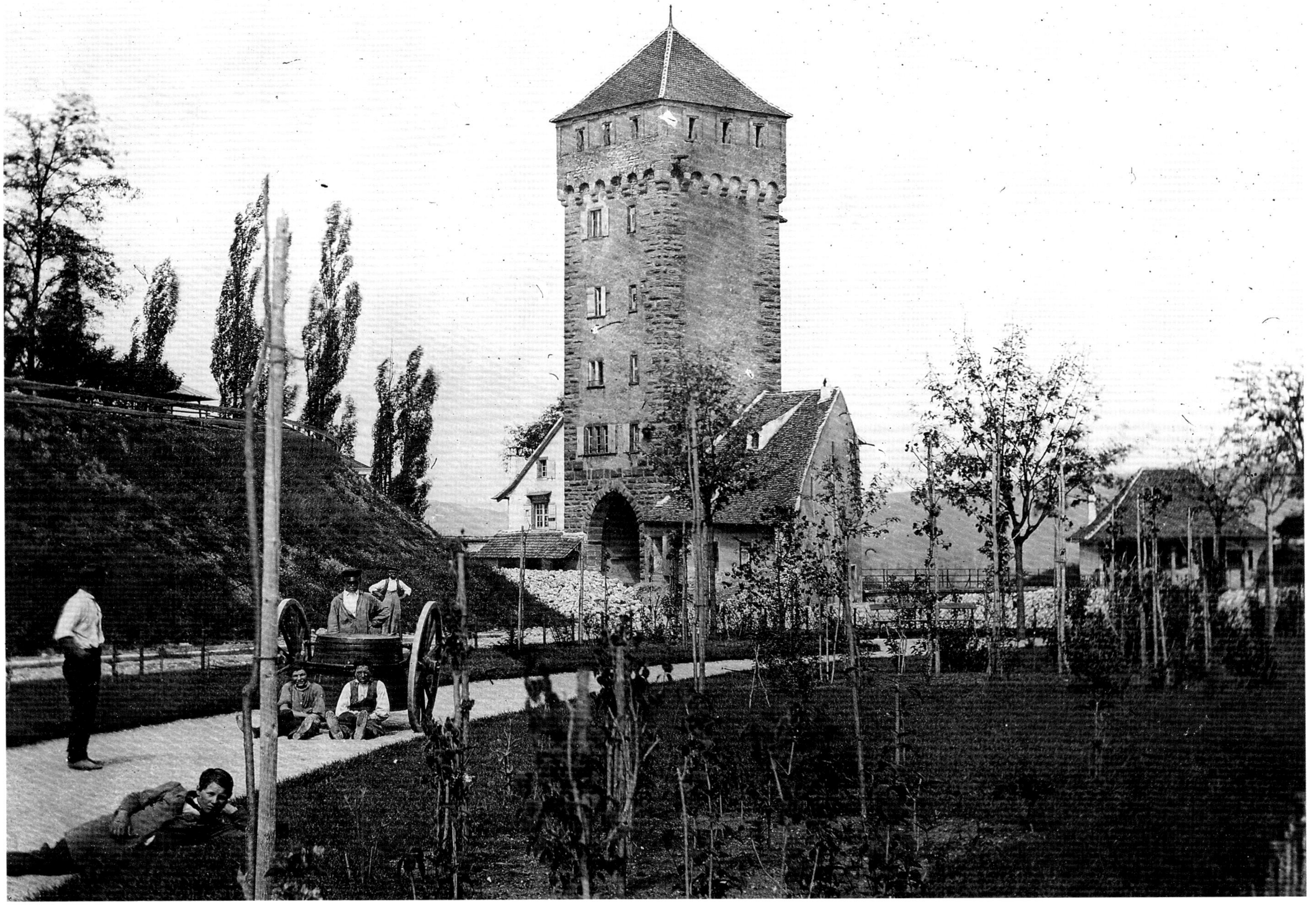

JAKOB HÖFLINGER, 1890
August Höflinger

52